森川すいめい

その島のひとたちは、ひとの話をきかない

精神科医、「自殺希少地域」を行く

青土社

その島のひとたちは、ひとの話をきかない　目次

その島のひとたちは、ひとの話をきかない

精神科医、「自殺希少地域」を行く

はじめに

私は生きやすさとは何かを知りたかった。

私は精神科医である。そして一九九五年からずっとこころに関するボランティア活動を続けている。今はクリニックの院長として、精神的なことで困っているひとへの訪問診療や往診、外来診療を行っている。ひとは生きやすさのヒントを私に求める。しかし、その生きやすさの答えはいつも医学の外にあると感じていた。

本書は、五か所六回、日本の「自殺希少地域」（自殺で亡くなるひとが少ない地域）に行って、それぞれ約一週間前後宿泊したときの記録である。

私の、何人かの身近なひとは自ら命を絶った。助けられなかったという思いがずっとある。

自殺に関する予防や医学の勉強はよくしたほうだと思う。だけれども勉強をしても私にはどうしたらいいかわからなかった。

そうやって悩み続けてきたなかで、いくつかの、私の思考を大きく転換させるものと出会った。

そのうちのひとつが、岡檀《おかまゆみ》さん（現在、和歌山県立医科大学保健看護学部講師）の「自殺希少地域」の研究だった（詳細は『生き心地の良い町――この自殺率の低さには理由《わけ》がある』（講談社、二〇一三年）を読んでほしい）。

私にとって、この発表は衝撃だった。視点は一八〇度変えさせられた。


私は、これまで四五の国をほとんどの場合は無目的無計画に旅してきた。そして自殺で亡くなるひとが少ない地域があると知って、その地域も旅するようになった。

自殺希少地域の旅中は、出会うひと出会うひとにできるだけ声をかけた。雑談をし、少し関係が深まったと感じたときにできるだけ、

「自殺で亡くなるひとが少ない地域と聞いたのだけどどうして？」

と聞くかまたは、

「生きやすい地域だと聞いたのだけどどうして？」

と聞いた。これをメモした。

また日本だけでなく、いくつかの海外での、この視点で旅をしながら行ったフィールドワークの記録と考察も加えた。

私は動くのが好きであるから、岡さんの研究を聞いてすぐに現地に行った。ただ話を聴いた。雰囲気を感じたかった。

もちろんある程度の仮説はいつも立てた。仮説がなければ何も気付くことができない。しかし多くの場合はからっぽな気持ちで現地のことを感じ、そこで気付いたことやびっくりしたことをノートにメモし続けた。そういうわけで私の考えはコロコロ変わる。ある程度確信が湧くまでコロコロ変わる。そして最初の旅から数年が経ち、私はようやく考えを定めてもよいかもしれないと思うようになった。その考えを外に何度か発表し、聴いてくださった方から意見のフィードバックをいただいた。こうして私はより考えを定められたと感じて、それを文章にまとめることにした。

私の考えは、ある程度の最新の自殺予防に関する研究の基礎知識に基づいているとは思う。いくつかの効果のあった研究についても本書で紹介している。

本書はまた、ひとを大切にするためのマネジメントというものを発見したとされるピーター・F・ドラッカーの考え方にも少し影響を受けている、ひと個人のあり様だけでなく、その地域の自殺で亡くなるひとの少ない理由をつくりだす仕組みについても、直接著作を引用したりするわけではないがドラッカーの発見したマネジメントの視点で考察を加えている。

まったくの独創的な発想はここには書いていない。そもそもそういう発想をもつことは私は苦手である。ゆえに、ひどく逸脱するような話はここには書いていない。どちらかというと、とても当たり前のことばかりが書いてあるかもしれない。

しかし、おそらくより効果のあることはよりシンプルなことだと思う。社会は今とても複雑である。それゆえに当たり前だと思うことに気付きにくくなっているように思う。シンプルなことに気付くことができたならば、それは当たり前なことだと思うものであるけれども、それに気付くまではわからないものでもあると思っている。

だから私は、ここにどうどうと当たり前のことを書いた。ひとの生きること、その営みにおいて難しい理論はいらないと思う。とてもシンプルだと思う。

結論だけを読みたい方は最後の章だけを読んでほしい。最後の章にすべてまとめた。それまでの章は、気付いていく過程を書いている。その根拠も書いている。過程や根拠は、結論をより説明し理解しやすくするものになっていると思う。

目次は、レジュメ（要点をまとめたもの）としての意味合いをもたせた。レジュメの中に私が旅を通して気付いた生きやすくなるヒントを全部書いた。

各章は地域ごとに分けて書いているが、どの地域にどういった特徴があったかなどの地域ごとの特色を深堀したものではない。それぞれの地域の中にある、共通する、生きやすさへの因子について発見していった、その過程を書いたものである。

最終章は、フィンランドのトルニオという地域で生み出されたオープンダイアローグという、精神疾患を有するひとに対して、診断や薬の前に対話する、古くて、しかし世界でもっとも効果のあるひとをケアする形のひとつについて触れている。

オープンダイアローグの本質は、困ったひとを中心に、心配するみんなで集まって、わいわいがやがや対話したらたぶん何とかなるかもしれないというとてもあいまいなケアのスタイルである。このときには七つの原則（終章で紹介している）を守っている。内服に関しては、必要ならばというスタンスである。この形は、診断と処方を中心とした現代精神医療の効果を凌駕した結果を出している。

私はこの方法がトルニオにある特別な形ではなく、まるで自殺希少地域のひとを癒していく形に似ていると感じている。ひとが孤立しないために工夫し続けていくことを大事にしている。トルニオで生まれたその形は、他の地域にそのまま持ってくることはできない。基礎的なことは大事にしながら、自分のいる地域で工夫していく必要がある。

フィンランドのひとの学習方法は、基礎的なことをよく学んだあとは、いろいろな事例をみて、自分なりの方法を身につけていくスタイルだという。工夫することは国民性となっている。困難に直面したときにそれを頑張って越えようとするのか、工夫して越えようとするのかの違いである。

本書の構成も、このスタイルを大事にした。

本書を手にしていただいた方には、私の体験したことをお伝えするのみでありたいと思っている。これが正しいとかこうすべきだとか、そういうことを書きたいわけではない。本書が何かを考えるきっかけになったらと願っている。本書における私が体験したことは、私にとっては日々の生きやすさへのヒントになった。それを読んでくださった方とシェアできればと思う。

序章　支援の現場で

自殺の少ない町は「癒しの空間」ではなかった

徳島県に自殺で亡くなるひとが少ない地域（以下、自殺希少地域）があると聞いて、私はいてもたってもいられなくなって現地の旧海部町《かいふちょう》（二〇〇六年に合併し現在は海陽町《かいようちょう》）に行った。

今思えば、私の最初の期待はとても自分本位な考えだった。ゆっくり休めて癒される、そういう空間があるものだと思っていた。私は少し疲れていたのかもしれない。リゾート地で少し疲れを取ろうかと思う気持ちもあったから、現地に着いて最初は少し「がっかり」していた。

五月、とてもよく晴れていた。友人の友人に案内されて着いた旅館。この地域のことはこの旅館のおやじさんに聞いたらいいと言われるくらい何でも知っていると聞いた。

旅館に着いて、最初の私の期待はすぐに裏切られた。とても丁寧な旅館らしいもてなしがあって、すごくひとを気遣うひとがいっぱいいてと、そんな想像が膨らみ過ぎていたが、実際は、普通の民宿のような感じでさらっと部屋に案内されただけだったから少し面を食らった。

旅館の明るい声の職員さんは、私たちを畳の部屋に案内し最小限の説明をして、

「お菓子でも食べて、少し休んで」

と言って、

「また少ししたら来るから」

と言ってあっさりといなくなった。

浴衣は潮風でパリパリだった。

用意されたお菓子に、まだ癒しを期待して、それを食べようと思って手にした。

ただ、なんとなく雑な感じがしたからか無意識にお菓子の裏側をみたところ賞味期限が切れていた。

さすがにダメだと思って、職員さんが戻ってきたところで、

「すみません、なんか、賞味期限が切れているみたいで」

と聞いてみた。ところが職員さんの反応は予想を大きく外れたものだった。

「へっ？」

と、びっくりしていた。私はてっきり期限が切れていることにびっくりしたのだろうと思ったわけだが、

そうではないとすぐに気付かされた。

「ほお。ほうかほうか。さすが若いひとやね。若いひとは、そういうの気にすんのやね。ほうかほうか」

まったく悪気のない、明るい現地のリズムのある口調でそう言うので、

「あ、いや、」

と、私はどう返したらいいかわからないままことばに反応するのが精いっぱいでいたのだが、職員さんはすかさず、

「わかったわかった、おばちゃん、新しいのもってきといたる」

と矢継ぎ早に会話が進み、職員さんは私たちの意向をまったく気にすることなくすぐにいなくなった。

「賞味期限気にするのかって、気にするわあ」

と、すでにいなくなった職員さんをイメージして一応突っ込みはいれておいた。

長い旅を通してあとから思うことになるのだが、賞味期限が少し切れていたくらいのことは本当は気にしすぎなのだろう。ちょっと切れたくらいで捨てられる食品がたくさんありすぎる。この気にし過ぎる風潮から降りることはできるのだろうかと。

私は旅の過程の中で、生きづらさと生きやすさの違いをこんな風な体験を通して感じていった。

ちなみに後でもってきたお菓子は、職員さんがたぶん家からもってきたものだと思う。

このようにして、私の自殺希少地域の五か所六回に渡る旅は始まったのである。

「自殺希少地域」研究の衝撃

これまでの自殺に関する研究は、自殺の原因が何かを調べ、リスクの高いひとがどのようなひとかを明らかにしていくことに力が入れられていた。確かに、十分な研究がなかったときに比べると、ひとを助けていくための対策がずいぶんできたように思う。

例えば、自殺で亡くなるひとのほとんどは、その直前に精神疾患の診断がつくとか、アルコールを多く飲酒しているとかいった研究がある。だから疾患のあるひとは精神科にかかるように受診の敷居をさげる対策が出てきたし、アルコール問題に対しての援助はより考えられるようになった。貧困や、自殺未遂の経験のあるひと、暴力を受けた経験のあるひとといった、自殺リスク因子もまとめられていき、国も民間も、その効果に賛否はあるところだとしても何とかしようと動いていった。

ただ、現場にいるひとたちにとっては何かが足らない気がしていた。

実際に、精神科に通院していても自殺で亡くなるひとがいる。通院しているひとはもともとしんどい状況にあるから、通っていないひとたちに比べると自殺で亡くなるひとの数値上の割合は高くなってしまう。しかし、このように表出した結果からは、精神科医が藪《やぶ》なのだと中傷が強くなったり精神科薬が無条件に悪いといった考えも広まったりすることになった。支援するひとたちは、止められなかったことに後悔をしたり、または、仕方がなかったと思うことでこころを保とうとしたりした。

　このような状況の中で精神科受診者が増えたから、丁寧な診療はますますできなくなっていった。精神科の診療は丁寧に行えば行うほど赤字経営になる。私が病院に勤めていたころは、経営側から一時間に一〇人くらい診てくれと言われた。（精神科の診療報酬は、診療時間が五分以上と、三〇分以上の二つの報酬体系があるが、六分診ても三一分診ても、数百円しか値段には反映されない。内科と違い各種検査による診療報酬がないから、精神科の経営を安定させるためには三〇分で一人診るよりは、五人診なければならなくなる）。そんなことをしていたら患者さんのこころをどうこう考える時間はない。幻覚とか妄想とか、抑うつとか、そう状態とか、そういった病状を診てすぐに診断をして、エビデンス（科学的根拠）に基づいた薬を出す以外の時間がない。それで少しは楽になるひともいるのかもしれないが、医者が行ったことは診察室で明らかになった病状に名前を付けて薬を出しただけであって、まったく患者が求めるような医療はできていない。病状が軽くなったとしても、こころがつらくなった原因に寄り添うことは時間がなければできない。

　また、専門知識をもったカウンセラー等に話をゆっくり聴いてもらうだけでもこころはずっと楽になるが、カウンセリングに診療報酬はつかないので自費で受けるしかない。カウンセリングにかかる費用は、もらう側としては小さいが払う側としては高額だ。

　原因はわかってきていた。しかも無数にある。対策は並大抵のことではできない。簡単なことはほとんどない。時間もかかる。金もかかる。

例えば「うつ病」は自殺の原因のひとつになるというわけだが、うつ病を患うひとの中では自殺で亡くならないひとのほうがずっと多い。うつ病になっても精神科に通わずに自分で回復するひともおそらく多い。うつ病対策をしようとして、その状態にあるひとを発見することと、発見したら精神科につないで診断を受けさせて薬を飲ませるという流れが本当にひとを助けるのかは誰もわからない。もしかしたら、担当した精神科医によってその差は驚くほど大きくなるかもしれない。原因がうつ病だとしたときに、それを解決する手段の確かさを明らかにできないのである。

この解決し難いものへのフラストレーションは現場もそして研究者も疲弊させた。

確かに薬を内服するひとが増えたことによって解決したと考えられている国もある。フィンランドである。かつてフィンランドは自殺で亡くなるひとがとても多かった。そこで一九八六年から本格的に自殺対策が開始された。徹底した受診と内服支援も行われた。この結果、二〇〇七年の段階で一九八六年当時より自殺死亡率は三〇パーセント減少した（内閣府『平成二二年度版　自殺対策白書』）。フィンランドのひとに直接聞いてみると、医療がうまく機能したと考えるひとが確かに多かった。

では、日本でもやはり同じように精神科を受診することを促すべきなのか？　医者の言うとおりに薬を飲むべきなのか？

しかし、このようにして精神科につながったとしても、うまくいかなかったケースをさまざまなひとが経験しており、この流れに従う空気は今のところ強くはない。

その理由は現場にいるひとたちは肌で感じているからであろう、薬だけで助けるわけではないということを。

このようにしてもう一度フィンランドを見ると、実のところ同時にたくさんの支援体制（カウンセリング、自殺防止セミナーやワークショップの開催、警察や労働省、学校との協力など）が組まれていることが見えてくる。自殺が増えた原因は国のいくつかの支援政策の失敗にあったという見解は政策をいっきに改善させもした。

つまり、フィンランドでは、薬を飲むひとがとても増えたと同時に、さまざまな支援も増えたのである。

徳島県の旧海部町とその周辺に何度も足を運び、全数調査を行った岡檀さん（当時は慶應義塾大学大学院）は、「自殺希少地域」と名付け、こうした地域と自殺で亡くなるひとが多く風土の似ている地域を対照比較したものを学会で発表した。岡さんは研究者の抱える悩みをひとつ解決した。

「自殺に至る原因はいろいろあります。対策もたくさんしなければなりません。そして、自殺で亡くなるひとが少ない地域があります。こうした地域には、もしかしたら自殺を予防する因子があるのではないかと考え調査をしました」

岡さんの言ったことばそのままではないが、そんなようなことを学会で発表した。その一言一言が衝撃的だった。

「人間関係は、緊密ではありません」

私はそれまで、すごくひととひとが助け合う地域こそが自殺希少地域なのだと思っていた。ものすごく優しいひとたちがお互いを気にしあっている癒しの空間のようなところなのかと思っていた。

岡さんの、近所付き合いの意識に関する調査項目では、希少地域では、隣近所との付き合い方は「立ち話程度」「あいさつ程度」と回答するひとたちが八割を超えていて、「緊密（日常的に生活面で協力）」だと回答するひとたちは一六パーセント程度だった。一方で、自殺で亡くなるひとの多い地域は「緊密」と回答するひとが約四割だった（岡檀『生き心地の良い町』、八四ページ）。

この結果は現場をみないといろいろな解釈が生まれてしまう。岡さんは現場でこの答えを見つけていた。

「人間関係は、疎で多。緊密だと人間関係は少なくなる」

「人間関係は、ゆるやかな紐帯《ちゅうたい》」

学会の発表ひとつひとつに私はいちいちうなずいた。ひとつひとつこころが楽になっていくのを感じた。ああ、そうなのだ、難しく考えすぎていたのかもしれないのだ、と。

研究は、現場をみないと解釈できない。私はこうして、すぐに現地に向かったのである。

自殺対策は予防と防止に分けて考える

一年間の自殺で亡くなるひとが三万人を超えた一九九八年から、日本での自殺に関する研究や支援はその頻度と質を年々高めていった。この二〇年弱の期間、私たちの国での自殺対策の経験値はずいぶん蓄積され、これまで解決できなかったことが解決できるようになっていった。

私が自殺に関する勉強をしっかりとし始めたのは、二〇〇四年頃、二つ目の大学での五年生のときからだった。私は当時、ホームレス問題に強く関心をもっていて、ボランティア活動を続けていた。そのときに衛生学の恩師に言われたのである。

「気持ちは大事だ。研究もしっかりしなさい」

支援活動はやりっぱなしになりうる。指針がなければ感情が判断基準になる。何が正しいのかを学ばないまま行う活動はただの偽善になるかもしれない。間違った善を押し付けてしまい、かえって不幸を生み出すかもしれない。研究の仕方を知らなければ、自分の考えに合う資料ばかりに目を通してほかの真実を無視してしまっていることに気付く手段がない。

これを防ぐ唯一の方法は、現場にいながらも勉強をし続けることと、本当の意味の研究を行うことだ。

感情を、パッションを、しっかりと整理すること。研究は真実の一部を示すに過ぎないから、そこに表出された結果には大きな意味は少ない。重要なことは、バランスをもって現象を見る試みを続けることにある。

では、どのようにすればバランスよく物事を見ることができるのか。私はもやもやしたまま現場での活動を続けていた。その指針を最初に教えてくれたのが自殺に関する研究のある第一人者だった。

「自殺対策は、予防と防止とに分けて考えるとよい」

今となっては、この考え方はよく知られたものになっているが、この話が出た当時は多くのひとが目を覚まさせられた。日本に自殺に関する研究が蓄積されていく過程の中での松本俊彦《まつもととしひこ》先生（国立精神・神経医療研究センター）の講演でのことばだった。

「自殺で亡くなるひとを減らしたい」という大きな題目があったとして、それに対して私たちは何をするだろうか。こころをケアするのが大事だとか、精神科につなぐのが大事だとか、ホームから飛び降りない工夫をしなければいけないとか、アルコールがダメだとか、自殺の報道がダメだとか、そういう話がごちゃまぜに議論されてしまう。ごちゃまぜの議論はまとまらないし、声の大きいひとの意見が優先されてしまう。

そこで、研究者たちは冷静に議論を分けて考える。つまり、自殺対策を予防と防止に分けて考えるのだ。

防止というのは、自殺の具体的な手段から遠ざかる方法である。例えば、ビル屋上のフェンスの高さを何メートル以上にすると飛び降りるひとがいないとか、地下鉄などにあるホームドアなどがあげられる。主にハード面での対策が考えられる。自殺に至る前の段階の敷居を高めることで実際の行動を思いとどまるひとが増える。

予防は……これはさまざまだ。例えば、飲酒は、一日四〇グラム以上のアルコール（日本酒で二合程度）を毎日摂取すると、そうではないひとに比べて自殺で亡くなるひとの割合がぐっと増えるといった研究は予防につながっていく。六〇グラム以上ではかなり割合が増えるので、六〇グラムを大量飲酒と考えて大量飲酒はやめましょうという予防対策が出てくる。

つまりは、今、予防の話をしているのか、防止の話をしているのかを分けて考えることが考えを整理し対策を考えるときに大事だという話だ。

個別支援においてもこの考え方は必要になってくる。事例を交えて説明する（実在の事例とは大きく内容を変えている）。

ある精神疾患を抱える子どものご家族から相談があった。ひきこもっているその子どもがノートに自殺をすると書いているのを目にしてしまったというのである。子どもは精神科に通院していない。自殺を何としてでも止めたい。敷居をあげなければならない。

そこで、まずは防止について提案した。近くに自分を傷つける道具を置かないことである。何があるかを細かく聞き、そうした物を遠ざけてもらった。

そして、予防について話をした。原因はさまざまだとしても自殺に追い込んでしまう周囲の言動はある。そうした言動を発しないようにと伝えた。ひきこもっているゆえに家族は焦ってしまうことがあるのだが、家族は焦ってはいけない。

本人はとても弱っていて傷ついていて、少しのことばで激しく揺れてしまう状態にあると考えられたので、「インフルエンザにかかって寝込んでいる状態だと思って声掛けを行ってみてください」と伝えた。

こころの問題だと思うと、気持ちのもちようでなんとかなるのではないのか、自分次第なのではないか、自分勝手なのではないかと思うようになって喧嘩《けんか》になったりすることもある。

こころがどれほど傷ついているかは外からはわからない。本人はわがままでひきこもっているのではない。自分のこころをぎりぎりの形で守るためにひきこもらざるを得ないことがある。手段としてのひきこもりである。

よってその手段がダメだとの議論はしてはいけない。大切なことはこころがどうにも弱ってしまっていることを周りが理解していくことである。この件は、これで何とかなった。

さて、話を戻す。

自殺の防止に関しては、その結果は明瞭であるから議論はわかりやすい。一方で予防に関しては、アルコール量に関してなどはわかりやすいが、わかりにくいものも多い。そして予防に関しての見解は分かれやすい。予防しきれないものもある。貧困が原因だとしたら、貧困からの自殺をどう予防するかは議論がまとまりそうにない。

自殺に至る原因は無数にある。原因ひとつひとつに対して予防するのは困難だ。岡さんの話は予防の話をさらに二つに分けてくれている。

岡さんの言う予防は、自殺の原因を調べてこれを予防するものとは違う。自殺に至らない地域に存在するであろう予防因子を調べるというものである。

この研究は、原因研究と原因に対しての支援だけでは十分な成果を得られなかった現場にとって、その閉塞感をずいぶん吹き飛ばすことになった。

【コラム】支援者支援も分けて考える

例えば災害支援の中で支援者も疲弊してしまうことがある。支援者といっても外部の支援者と、被災を受けながら支援をしている地元の支援者がいる。

東日本大震災のときも「支援者支援をしよう」という機運が高まって、各地から議論がわきあがった。これが大事なのだとか、あれが大事なのだとか、だからなぜしないのだとかいった喧々《けんけん》諤々《がくがく》な議論が起こった現場に行ったことがあった。

そこで、出ていた議論の整理をして四つに分ける提案をした。

成果は支援者が楽になることだが、こころが疲れた支援者といってもいろいろなタイプがある。

A　疲労が蓄積している
B　孤立している
C　気分転換がない
D　やり方がわからないで悩んでいる

当時は、支援者の傾聴がいいとか、温泉ツアーがいいとか、スキルアップ講習がいいなど、支援者支援をするそのひとの得意分野での議論が活発だった。誰もがつい自分ができることをしようとしてしまって、本人にとって何がいいのかをあまり考えなくなることがある。正しいと思えば思うほど視野狭窄《きょうさく》してしまう。

しかし、もしも上記のように分けられたならば、例えば、

Aならば、交代人員を支援する
Bならば、孤立しない支援を行う
Cならば、気分転換ツアーを組む
Dならば、スキルアップ講習をする

ということになる。支援者もどれかひとつだけが原因で疲れているわけではないから、どれを組み合わせるか、また、どんな方法で支援をするかはその地域の特性や支援者支援を行うスタッフのタイプによって変えていい。

大事なことは、やみくもに自分の正しいと思う考えを通さないことである。相手あっての支援である。相手の困りごとに基づいたニーズを明らかにしなければならない。

※このコラムの例は議論の中であったものを整理したものです。この四つに分けるのがよいという意味ではありません。

第1章　助かるまで助ける

家の鍵があいている町で

さて、旅館の職員さんとの対話の後で、私は旧海部町の散策を始めた。初日は隣町に住む友人の友人に車で町を案内してもらった。農業と漁業のある町。二つの景色はまったく異なるように見えた。多様性が混在する。

治安の良さは町のあちらこちらで感じ取れる。こうした町や村を何度か旅した後でわかったことなのだが、互いによくコミュニケーションをとっている地域は治安が良い。建物の外にある敷居はいったいどういう意味があるのかわからないくらい低いし、家の鍵は基本的にあいている。

鍵にまつわるエピソードはいくつかの地域で何度か聞いた。

「外泊するときは鍵を閉めたほうがいい。数日後に帰ってきたら、部屋の中に腐った魚があって、においがとれなくて大変なことになったなんてことがある」

釣れた魚はみんなでおすそ分けする。もらう側の意向は関係ないから、あげたいと思ったひとがあげたいひとに魚を届ける。そのひとが、家のひとが不在だと知らなければそうなる。そんなことは地方ならばどこでも同じと思うかもしれないが案外そうでもない。

「この地域のひとは、独特らしいのよ」

岡檀さんは、この地域の外に住むあるひとからの評価を教えてくれた。

「言うことを聞かない」「わが道を行くひとたち」

案内してくれたひとも、

「独特かもね」

と言っていた。

岡さんの研究によると、

「右へ倣えを嫌う」

とある。

「赤い羽根募金の寄付率はとても低い」

といった紹介もあった。自分が寄付したいと思うところにする。みんなが寄付するからするといった思考にはならない（別のある自殺希少地域では赤い羽根募金の寄付率は高いようで、募金そのものの問題ではないようだ。その地域は募金の集め方が心地よかった)。みんなと同じ意見にするのは好きではない。自分がどうしたいのかを考える。

「外から来た保健師さんが言っていたんだけど、そういえば精神科病院への入院者も他と比べるととても少ないみたい」

車中でいろいろな情報を聞き、その意味を考えながら、しかし理由は決めつけないようにしようと思いながら、港のある地域で車を降りた。

とても入り組んだ、東南アジアを旅しているような空間があった。ここには、プライバシーの概念もないのかもしれないと思わされる。

都会育ちの私は、個人情報が保護されるとか、プライバシーが守られるとか、そういうものが生きる上で大事なことなのだと教えられてきた。しかし、こうした地域ではそんなものは無用である。もしかしたらむしろ有害であるかもしれないとも思わされる。

個人情報の保護とは、ひとが効率というものに支配されて互いに非効率であるコミュニケーションをとらなくてもよくなるためのツールである、と、こうした地域にいると思う。効率のためにやめたコミュニケーションは個人情報の保護を必要とし、その制度を作ったことでますますコミュニケーションはしなくてよくなってしまった。

個人情報を保護しなくてもよい地域が生きやすいということなのかもしれない。

とにかくこの町は構造的にもひととひとの距離が近い。そしてコミュニケーションの量が多いらしい。にもかかわらず、調査の結果では互いに緊密ではないということになっている。

私は旅を通して、このようにして、ひとつひとつ自分の固定概念が壊れていくことに心地よさを感じていった。

ベンチにはいろいろな意味がある

ある研究者の友人が、

「ただベンチを置けばいいと言っていた建築家がいる」

と、コミュニケーションの話をしていたときに教えてくれた。ただベンチを置く。そうすることでひとが自然と集まるのだという。

東北のある被災地でもベンチがたくさん作られた。さすがに寒い冬に座っているひとはいなかったが、あたたかい日はベンチの場所によってはたくさんのひとがそこに集っていた。少し誰かと話したいと思うとき、そこに何もなければ何も起こらない。ただベンチがあればいい。

都会にも、ある街にはベンチがある。そこにひとが集う様子はあまり見たことがないが、ベンチがあるとひとが座る。すぐに何かの変化があるかはわからないけれども、あるのとないのとではぜんぜんちがう。

この町にもたくさんのベンチがあった。ベンチというか、ひとと座ってしゃべるための場所が家の外の壁に備え付けてある。

ベンチという視点で町を見ると誰も座っていないベンチは多かったが、その途中途中に老人が座っているのを見た。通りすがり、誰かがその老人にあいさつをし、老人もそれを返す。

ただのベンチなのだが、ベンチがあると老人は家の中で閉じこもらなくてもいいのかもしれない。この町にも独居の老人は増えている。何もなければ家の中にただいるだけになる。ベンチは、老人が外とつながる入り口になっていた。

ああ、そうか、と思う。ベンチにはいろいろな意味があるのだ。その地域地域での意味がある。重要なことは、ベンチに意味があることを知っているかどうかなのかもしれない。

東京、新宿駅周辺を歩いていたとき、私は足腰が疲れていたからふと座りたいと思った。その視点で町を歩くとベンチがないことに気付く。金を払って座る場所以外の場所に座る場所がない。駅の地べたにしゃがむと、

「ここは座る場所じゃないんで」

と、今度は警備員に立たされる。

この町は、老人が歩くことができないのだ。そして金のないひとも座ることができない。それと同時に、ひととひとの出会う機会も排除されているとも感じた。

かつて新宿駅周辺には、たくさんの路上生活者が段ボールハウスを作って生活をしていた。段ボールには絵が描いてあって、そこに生活が困窮しているひとたちがたくさんいることが目に見えていた。大企業はひとから富を搾取することによって成長していくものだが、その最も搾取されたひとたちが新宿の路上にたくさんいた。そのことを、歩くひとは見ていて、その事実を少なくとも知ることにはなった。

しかしその姿は、行政による強制排除が行われて以降は目立たなくなった。

その新宿は今はベンチさえもない。それはひとの出会いを最小限にすると同時に、座りたいひとがいることを無視したということである。座りたいひとを大事にしなくても町が成り立つようになった。それはつまり、老人をいないことにした都会を作ってしまったということだ。

旧海部町にはたくさんのベンチがある。ベンチがあるということは、家から買い物に行くまでの間に休む場所があるということである。ゆっくりと歩く老人にとってはベンチは必要なものである。新宿駅周辺はそういうことが見えなくなっている。

東北にある別の自殺希少地域で、普段着の、背中の曲がった老人がバス停を兼ねた屋根のついたベンチに座っていた。

老人はバスを待っているわけではなかった。

「家はね、目の前」

老人はそう言って左斜め前の家を指さした。

「今は、ひとりでね。お父さん死んでね。子どもは嫁に行ってね」

家にいるとひとりぼっちになる。だから外で座る。外の空気を吸う。同じく過疎化した地域だったから人通りが多いわけではない。けれども家に座っているよりはいい。話している間、向いの家のひとが通りかかって数事のあいさつがあった。

外での会話は少し開放感があって、だからよく弾む。もしかしたら本音も出やすくなるかもしれない。

「さみしいね」

そう老人は言った。

足腰が悪く、ひとりでいろいろやるのは大変そうだ。買い物とか家事とかどうしているのかを聞くと、できること以外のことは周りの助けがあって何とかなっているのだという。

この地域には老人の施設があった。私は施設のことを聞いてみた。すると老人は、

「施設には入りたくない」

と言った。この地域では、何人かの老人が「姥捨《うばす》て山に捨てられる」という表現を施設に対してしていた。

それぞれに施設はなんで嫌なのかと聞くと、さまざまなことばがあった。その老人は、

「私はドラマが好きなの。午後一一時までドラマを見ていたいの」

と言っていた。

(ただしこの地域の施設を見学させてもらったのだが、本人目線で物事を考えるスタッフが多いとてもよい施設だった)。

雨が降ってきたので、

「雨、困りましたね」

と聞くと、

「もっと降ってもらわなきゃ困る」

と少し強い気持ちのこもったことばがあった。野菜を作っていて、それを都会の娘に送るのが唯一の楽しみなのだという。畑は少し高いところにある。毎朝、近所のひとが車で送ってくれて、帰りは迎えに来てくれる。老人は隣人にとても感謝をしていた。


ひとりがさみしいと話しながらも、ここで生きていくのだという覚悟を感じた。その覚悟を支える周りのひとがいた。

ベンチがあったから私は老人と出会うことができた。ベンチはひととひとがつながる機会になる。

「病、市に出せ」という教訓

到着三日後、私はひとりで町を歩いていた。計画のない旅。コミュニケーション慣れしているに違いないという仮説。だからきっと声をかけさえすれば旅は順調に進む気がしていた。

東南アジアやアフリカを旅していると、ひととの距離がとても近いと感じる。もちろんバンコクのような都会では少し距離を感じるが、ほんの少し地方に行くと、ひととの距離はずっと近い。外国人がいないような地域に行くと珍しがられて周りにひとが集まる。ひととひとは簡単につながるのだとわかる。ひとはコミュニケーションをとる生き物だということを思い出す。

旧海部町を歩き、私はふと、そういう雰囲気を思い出していた。あいさつをすると、あいさつが返ってくる。それだけで話が弾むことはないが、少しこちらから会話を続けようとすると、少し続く。それはとても自然で、コミュニケーションに慣れていることを感じる。

そして、たまに、長く話が続く。


ある寺についた。寺の掃除をしている老人が私を見つけると、

「ちょっとこっちおいで」

と手招きして、

「ちょっと待ってな」

と言って寺の奥に行った。いくつかの数珠《じゅず》をもって戻ってきて、そのうちのひとつを私に選んでくれた。

老人はおもむろに世間話を始めた。ほとんどの時間は家にいる、そんな話からだった。

「ひとは減った」

現代の労働システムはまだ都会に仕事を集中させたほうが効率はいい。この町も例外なく過疎化している。

老人はこころがしんどいと話した。

「娘のことが心配でね」

都会に嫁に行った娘。

「娘はね、田舎で育ったでしょ。だから都会では苦労するの。ここでは内と外がないでしょ。だから常識がないって、都会では言われるの」

私がこの地域を知る以前にもっていた「田舎」のイメージは、外のひとに対して閉鎖的でなかなかこころを許さないというものだった。別の場所では実際に、ここは田舎だから閉鎖的だということばをよく聞いた。

「田舎だから、みんな、本音を言わない」

本音を言っていたら近所関係が成り立たなくなる。互いに協力し合いながらも本音のない話をすると聞いたことがあったし、田舎とはそういう人間関係の厳しい場所があるのだと刷り込まれていた。だから老人の話にはびっくりした。田舎に住んでいたから内と外がない、都会ではそれが通用しなくて苦労したというのである。

老人は自分の気持ちを全部話していたように見える。一時間が過ぎると別れはあっさりと訪れて、それがまるで特別なことではなかったかのようだった。

何人かの老人が苦しさについて語っていた。

「昔は、道路にひとがいっぱい出ていてね」

そう言った老人は家の外で立っていた。朝にそこに立つとたくさんのひとと話ができた。

「そこの角に八百屋があって、いつもにぎわっていたのよね。最近は、なくなっちゃって」

別の老人がそう話した。

老人たちは見ず知らずの私にあまりにも簡単に弱音を話した。

「病、市《いち》に出せ」

この地域には昔から大事にされているこのことばがあると事前に聞かされていたから、私はなるほどと納得した。

内にためず、どんどん市、自分の住む空間に出しなさいという教訓。

確かに私はたくさんの病を聞いた。私は自分が精神科医だと名乗ってはいなかった。

困っていることが解決するまでかかわる

最初に訪れたのはゴールデンウィークのときだった。私は親知らずを抜いたばかりで糸がまだ口に残っていた。そして痛みを感じ始めていた。

まだこのスタイルの旅に慣れていなかった私は、周囲のひとに相談するのではなくスマートフォンで近くの病院を検索した。当然すべて休診だった。少し離れた別の町に少し大きな病院があって救急をやっているとわかり電話をしてみた。この辺りで頼る病院はもうそこしかない。

しかし、回答はいつもよく聞くものだった。看護師さんが電話に出て私の困りごとを聞き、ドクターに聞きに行く。そしてまた看護師さんが電話に出る。

「今日は内科の先生しかいないから、歯は診れません」

話はそれで終わった。私は自分の歯をどうしたらいいかを知っていたから道具があればなんとかなると思ったので、受診ができるようにお願いしたのだが、

「何かあったら責任がとれないので」

と結局断られた。そのうえ何かの代替案ももらうこともできずに電話は切れた。このようなことはどこでもよくあることだからすぐにあきらめることはできたが、しかしあまりにもよくあること過ぎて、地方を旅しているという楽しさはいっきに消えた。痛みはピークとなり、私は旅館のおやじさんに事情を伝えることにした。

おやじさんは最初、痛み止めの話などをした。その場で解決できそうな提案をいくつかしてくれたが、私はだいたいのことを既に実行していたから、おやじさんの提案は何も役立たなかった。

おやじさんは少し困った顔をしたので、私は大丈夫だと伝えて部屋に戻った。予定より早く帰るしかないかと思いながら一時間くらい耐えた後で、電車の予定を見ようと部屋から出た。そこにおやじさん

がいた。

「いつもは隣町に歯医者がいるんやけど、今日はやってないみたいや。この町の歯医者は今日は休みやけど、さっきいるの見たから起こしてきちゃろう」

　私はこのときはまだ休日の歯医者を起こして仕事をさせる勇気はなかったから、

「いや、そこまでは大丈夫です」

と断った。実際はかなり痛みが強くなっていたから、旅をやめて海部町から県庁所在地まで出よう、自分で何とかしようとすでに決めていた。私はまだひとに頼ることに慣れていなかったように思う。

　ところがおやじさんは、そんな私のことばは無視して話をさらに進めた。

「ここから八二キロ先にある歯医者が今日はやっているのがわかったから、送るわ」

と言ったのである。近所のひとを起こすのも悪いと思っているところを今度は八二キロ先へというのは申し訳なさを通り越している。ただの一宿泊客である。私は、自分で何とかしようと、それも断った。

　今振り返ると、おやじさんは私と対話をしてくれていた。この対話力は自殺希少地域の特徴だとあとでわかることになる。私の困りごとを聞き、私のニーズを私の存在を見ながら感じてくれて、その感じたことを私にまた話してくれて、決して私を説得しようとはしなかった。それはとても心地のよい時間だった。また、おやじさんは私の歯の痛みを解決するためにあらゆる情報を短時間で得ていたとわかる。この情報量の多さと情報の速さは自殺希少地域の特徴だとこれも後で思うことになる。

　これは旅を続けることで感じたことだが、こうした地域のひとたちは、困ったひとがいたら解決するまでかかわろうとする。困っているひとを途中で投げ出すことはしない。先ほど電話をした大きな病院のようなことはしない。

通常だったら、もしかしたらゴールデンウィーク前に親知らずを抜いてくるなんてと怒られたかもしれない。自己管理がなっていない、自業自得だから我慢するしかないと思われるかもしれない。しかし、ここではそういうニュアンスをまったく感じなかった。

私は大丈夫だと伝えたのだが、この話はまだ続いた。

少し痛みが落ち着いたので、散歩でもしようと外にでたところ、近所のひとが、

「あんた、歯が痛いひとやろ、大丈夫か？」

と聞いてきた。私は、

「まだ少し」

と答えた。私はこの後、近所中で私が歯が痛いことを知っていると知ることになる。おやじさんは何とか解決するために周りに聞いたのである。そして周りのひとはまたその周りのひとに聞いていた。

ここに個人情報の保護という概念は成立しない。

しかし私がこれまで体験してきた噂話《うわさ》と、ここでのそれとは少し違う感じがした。これまでの体験では、噂話が流れても、それが流れていることは本人には内緒にされる。陰で何か言われるのは心地のよいものではないことが多いからかもしれない。しかしここでは本人にも筒抜けである。

「あんた、歯が痛いひとやろ」

と声をかけてくる。それが絶妙な加減なのである。

最終的には、近所に住んでいた元看護師さんの家に案内され、私は自分の歯を処置するための道具を借りて解決した。化膿《かのう》しかけた糸を抜いた。

解決することに慣れている

さて私の歯の問題はこのようにして解決したのだが、解決するまで解決する、このようなことはほかにもあったのでひとつ紹介したい。

私は、ベジタリアンである。そうなると旅館予約はとても困る。旅館は魚料理を出したいから少し嫌がられることもある。しかし、自殺希少地域ではこの問題に困ることはほとんどなかった。けっこうあっさりと対応してくれる。

たいていの旅館では、これまでは困られた。しかも私が旅をするようなゴールデンウィークのときではなおさらである。

実際に、旧海部町の旅館をとるときもその違いを感じた。

この地域は、岡さんの研究によると「排他性が少ない」という特徴がある。外から来て通り過ぎたり住むひとがいる。外の文化が入ることは地域の文化が揺らぐことでもある。どの自殺希少地域もが「排他性が少ない」というわけではない。この地域はそうなのである。それが「朋輩組《ほうばいぐみ》」（次章で紹介する）といった特別な仕組みを作るなどの技を生み出したのかもしれない。

一方で、この地域の文化にまだ慣れていないひとも多くいるということでもある。私が最初に電話をした旅館は新しいところだった。

「ごめんなさい。ゴールデンウィークなんでね、うちはダメです」

と少し怒られ気味に断られた。常識がないと言われている気がした。この地域に行くための最初のコンタクトがこれだったので、私はこのときいっきに行く気が失せたのだが、その後はこういうことは一度もなかったので旅を続けることができている。

実際に、宿泊した旅館の電話では驚かれるどころか詳しく聞かれることさえなかった。

「はい、わかりました―」

というくらいの感覚で当日になった。ベジタリアンに慣れているのかとも思ったのだがそうではなかったようで、着いてからはいろいろと聞いてきた。ただその聞き方も何とかしようとすることに慣れている感じだった。困難の解決に慣れている。そこに気負いを感じなかった。

お互いによく出会っているから助けられる

岡さんの調査によると、この地域のひとは他の地域に比べると「特別支援学級反対」と考えるひとが多いという。この調査に回答したひとが、もしかしたら別の地域に長年住んだとしたらその考えが変わる可能性はあるが、少なくとも当時の旧海部町のひとたちはそう考えていた。

町にあるスーパーのパン屋さんで、とってもゆっくり歩く老人がいた。家族がゆっくりと寄り添う。誰も急いでいない。周りのひともそれでいいと知っている。

道はバリアフリーというわけではないが、車いすのひとがひとりで町を動いていた。道に面した窓をあけた男性が車いすにのる男性と会話をしていた。

「わざわざ分ける必要はない」

そういう意見がある。一方で、支援学校以外の場所では生きていくために必要な教育を受けられないという意見もある。どの意見が正しいのかは、地域や立場によって異なるのだと思う。旧海部町のひとたちの多くは、それはなくていいと言う。その理由は、このような町の速度を見れば感じることができる。自分のペースで動けばいい。

福祉の国と言われている北欧に行く前は、私は北欧についていろいろなことを想像していた。どれだけバリアフリーが進んでいるのだろうと町を見ることも楽しみにしていた。しかし北欧四か国を旅してわかったのは、道がデコボコしていて、ぜんぜんバリアフリーではないということである。むしろ日本のほうが、構造的には気を使っているかもしれないと思うくらいである。

では、何が違うのか?

そう思いながら町を歩いていると、デコボコ道をひとりで、車いすに乗って移動しているひとと何度か出会うことに気付く。

北欧という福祉に手厚い国について日本で聞く有名なエピソードは、「家にヘルパーさんが一日五回行くなど在宅生活を本気で支える制度がある」、「車いすの方への援助として介助者が簡単に同窓会に付き添うといった支援がある」、「高福祉を維持するために高い税金をひとびとは払うが、その選択は国民がした」(もちろん相対的にそうなのであって反対しているひともいる)といったものだ。なので、デコボコ道を車いすに乗るひとがひとりで動く姿は想像していなかった。

日本でも車いすに乗るひとが外に出にくい理由は何か?という調査がいくつかある。その問題の多くは制度の問題が占めると思っていたが、実際は「ひとの目が気になる」といった心理的な面での障壁が大きいとあった。

車いす利用者が外出するとき、さまざまなひとの手助けが必要になる。段差、電車、エレベーターのない場所で上の階に行きたいときなどさまざまな場面である。こうした場面で気をつかってしまって出にくいひとも多いのだという。申し訳ない、恥ずかしい、迷惑をかけてまで出たくない、そういう思いをもつとより外に出にくくなるという。

それが、北欧の地では、ひとりで外出している車いす利用者をよく見る。デコボコとした地、段差だらけの場所で。

この違いは、堂々としていられるかどうかにあるのかもしれない。助けが必要な場面があると、周りのひとが自然と助ける。それはお互いにずいぶん自然に始まり自然に終わる。申し訳ないと思わなくていい。

障がいをもつひととそうでないひとを子どものころから分けると、お互いにお互いのことがよくわからなくなってしまう。どういった場面でどういった助けが必要なのか、それを自然とできるようになるためには日常の中にお互いがいなければならない。

そしていざ大人になって出会ったときに、お互いの生活してきた場所が違いすぎれば、お互いにどうしたらいいかわからなくなる。

最も重要なことはお互いに助け合えることである。困っているひとがいたら困っている部分を助ける。その当たり前のことができないのはお互いをよく知らないからなのだろうと思う。

旧海部町でひとは、お互いによく出会っている。お互いにどういう手助けがあったらいいのか何をしなくてもいいのかを知っている。お互いに自然である。

そして、旧海部町では、うつ病の有病率は高いのだが精神科病院に入院するひとはとても少ないこともこのことに関係しているかもしれない。それは障害をもっていたとしても区別しなくていいからだということかもしれない。お互いに何に困っていてどうしたらいいかをよく知っている。それでお互いが安心するから、病状があったとしても入院しなくていい。生活の場で回復することができる。

すでに述べたように岡さんの調査によると、旧海部町の近所付きあいは緊密ではなくあいさつ程度立ち話程度の関係で、それでいて人間関係の数は多い。自殺の多い地域では緊密でとても助け合う関係にあるが、仲間どうしの数は少ないという。

しかし実際に困ったことがあったときに助かるのは、緊密な関係ではない旧海部町である。それは、お互いにどれだけたくさんのひとと出会ったかにおそらくは関係する。ひとが多様であることを知っていて、それでいてそれを包摂しているかどうか。

多様であることを包摂できていたならば、違う意見があってもそれを排除しない。一方で人間関係が緊密で少ないと、違う意見があるとそれが目立ち、意見が異なるとその意見は排除されやすくなる。仲間どうしはみな同じでなければならなくなる。

旧海部町での調査結果は、あくまで本人たちの主観についてである。一方で、外から見るととてもよく助け合っていて親密に見える。本人たちの気持ちと外からみた親密さは別のものである。心理的には緊密ではないけれども、お互いにとても近しい関係にある。

感覚的な理解に過ぎないが、私はこの感覚は外れていないように思っている。

あいさつ程度の付き合いでも洗濯物を取り込む

ひとが多様であることを知るためには、たくさんのひとと出会っていることが大事だ。出会うことで誰がどう困っていて、どういった助けをしたらいいかがわかるようになる。

旧海部町では、

「近所であいさつ程度の付き合いの関係だったとしても、突然の雨で洗濯物が外に干してある状況だったら洗濯物を取り込むんだ」

と旅館のおやじさんは言っていた。ひとのうちはちょっとごめんよ、と言うくらいで勝手に入っていい。トイレを借りたりもする。玄関は鍵があいている。

こんな話があると、地方ならどこも同じと思うかもしれないが、そういうわけではない。

「うちの地域も互いに洗濯物を取り込みます」

とある地方の保健師さんが教えてくれたことがあった。しかしその地域は自殺で亡くなるひとが少なくはない。何の違いがあるのかを一緒に考えてみたところ、誰のでも取り込むのではなく、同じ近所でも取り込まないひとのもあることが分かっていった。

「そういえば、取り込む関係にあるひととそうじゃないひとがいる」

取り込む関係の中にいないひとは、孤立している。

「孤立したひとが、自殺に至る可能性が高いのかもしれない……」

たくさんのひとと出会い、たくさんのひとと話すことで、ひとはコミュニケーションに慣れていく。自分の考えに会うひとたちだけでコミュニティを作ってしまうと、知り合いはいたとしても世間は狭くなる。世間の狭さは変化や異なることへの対応の弱さとなり、それは生きづらさと関係する。コミュニティはより緊密になるから排他性が生まれる。

緊密さの中に入ることができないひとが孤立する。

旧海部町では、そういう緊密さがあまりない。コミュニケーションは軽く、そして慣れている。

さらに象徴するエピソードを岡さんから聞いた。旧海部町のひとが都会に住んだときのことだった。同じく雨がふったので、そのひとは近所の洗濯物を取り込んだ。そしたら住人にひどく怒られたというのである。常識がないと。これくらい旧海部町のひとは、近所の洗濯物を取り込むことに気楽である。たいして親しくなくてもだ。

ただ、このエピソードの興味深いことはまだ続く。そのひとは、それで落ち込むのではなく、

「都会にはいろんなひとがいるんやね」

と、世間にはいろいろなひとがいることを素直に受け止めたというのである。ひとが多様であると知っていることは、生きやすさと関係する事例だと思う。

自殺は仕方がないことと思わない

岡さんの研究では、自殺の多い地域のひとは、自殺で亡くなることを仕方のないことだと思うひとの割合が高くなる。一方で少ない地域では少ない。同じ日本で同じ日本人で、そして風土や経済力はそう違わない地域での比較調査である。自殺で亡くなるひとが少ない地域になるための何らかの方法があることが示唆される。

自殺希少地域でも自殺はある。そしてその話を聞いたときはいつも、

「もっと相談してくれたらよかった」

「すごく頑張っていた、自分で抱え込んでしまったんだと思う」

そういうことばを聞いた。

「どうして自殺することになったのか、残った家族に聞いて来ようと思う」

と言うひともいた。仕方がないこととは思わない。自分たちで何とかできたのではないかと思っている。助けられることは助けたい。

人間関係が緊密ではないこの地域は、緊密な地域よりもひととよくつながり、そこに偏見はとても少なく、そして、自殺は仕方がないことだとは思わないひとが多い。

【コラム】自分からあいさつをしてみる

地元にいるある高齢の女性が、ある日、夫を失いひとりになった。女性と私は、そのこと以前から定期的に話をしていた。対話をすることで、少しずつ考えの変化があった。

「先生が孤立してはいけないと言いましたよね」

その女性は、そのことばを大事にし、もともと近所づきあいが得意ではなかったのだが孤立しないためにと周囲に住むひとにあいさつを始めたという。

「話をしてみると、いろいろわかってきたことがありました」

周りのひとは、女性が思っていた以上に女性のことを心配していたという。急にひとりになって、どう支えたらいいかと周りのひとは気にかけていた。

「どう声をかけたらいいかわからなかったというのです」

女性は、自ら声をかけた。みな、声をかけてくれてよかったと言ったという。

それから女性は少しずつひとと対話をするようになった。そして、他にも孤立しているひとがいると知っていくことになる。女性は、同じく孤立したひとと話すようになった。

また、これまで疎遠になっていたひとに手紙も書くようになった。

あるとき、疎遠になっていた女性から電話が来た。その後、何度も何度も電話が繰り返された。

その家族から、ある日手紙が来た。

「うちのおばあちゃんが、とても元気になりました。ありがとうございます」

女性は自らを変えた。あいさつを始めた。それをきっかけにひとと出会った。相手が何を考えているのかは、お互いにわからないのだとわかった。だから自分からあいさつを始めた。ひとりでいるのは孤独である。しかし孤立はしなくなった。その力は、同じく孤立するひとを助けることになった。

女性は今、あいさつ程度、立ち話程度の人間関係の中で生活をしている。

※この話は本人に許可を得ています。

第2章　組織で助ける

効率化により変わりゆく町で

旧海部町は隣町と合併し今は海陽町の一部となっている。かつて商売でにぎわっていたこの町も、資源や仕事が都会に集中する効率化の波に呑《の》まれていた。

「ひとりはさみしい」

そう語る老女はかつての賑《にぎ》わいを話した。

「昔はね、午前中にみんな家の外に出ていたの」

立てば誰かに会えたのだという。

ただ外に出て、狭い通路で誰かと会って、そこでただしゃべる。

ここでも一時間くらい話が続いた。話し慣れていると感じる。つらい話を言い慣れている。

家族がいるというのだが、しかし時代の流れは老人を孤立させた。

「孫はね、学校行かなきゃいけないから、ここには住めない」

「子どもはね、働いているでしょ、遠い所へ行かなければならないの」

かつて賑わいのあった地域でも、今は仕事は少ない。ゴールデンウィークの中で久しぶりの団らんではあるのだが、老人はひとりで家の前にいた。

「今日はね、車で子どもたちはでかけているの」

一緒に行かなかった理由を聞くと、そういう賑わう場所に行くと、ひとの速度が速くて膝の悪い自分を迷惑な存在だと思うから、というようなことを言った。

「将来のことは不安よね。私も、施設に入れられちゃうのかしらね」

施設というのは、社会の動く速度についていけなくなったひとが入る場所なのかと感じさせられた。

かつての賑わいも、老人の力も、地域の力も、少しずつ落ちている。

近くに、井戸があった。

ああ、本当に、井戸端会議があったんだな、と思った。

「よく話していたね」

と、老人は言う。

私は、国の「平成の大合併」と呼ばれる市区町村の合併事業を、メンタルヘルスの視点からは大失敗だったと思っている。ひととひとの距離は明らかに遠くなった。ひとを大事にするのはひとであり、支え手の数は多いほうがいい。ひとを支えるための行動は、効率を重視すれば難しくなる。

もちろん効率化を単純に否定すればいいということではない。無駄なことに時間を割くために大事なことができなくなるのはよいことではない。例えば病院の書類仕事などは、現場で患者のそばで物事を判断する時間を奪っている。書類はより簡素化されなければならない。

しかし、効率化できないもの、非効率のままであるべきもの、意味を定義できないもの、お金を生み出さないもの、そういう無形の何かを、効率化は同時に削ってしまう。

効率は、ひとが生きやすくなるための手段である。しかし平成の大合併は、コストを減らすことが目的になってしまった。成果はコストを減らすことだった。すべての計画はひとの生きやすさこそが目的になるはずなのだが、それは見えなくなった。効率を手段ではなく目的に添えてしまっては、それは何も生み出すことはない。それどころかひとを不幸にさえしてしまう。

意思決定は現場で行うべきである。答えはいつも現場にある。効率化を目的とし組織をまとめた結果、意思決定は現場でより行えなくなった。事務所で行うことになった。この結果、意思決定の間違えはおのずと増える。

ひとが生きにくくなった原因のひとつは、意思決定を事務所で行わざるを得なくなるような組織の大きさを作ってしまったことにある。

その結果、目に見えない、書類には表れない大事なことが削られていった。

ひとはより生きにくくなった。

効率化のために二つの地域が一緒になったとしたとき、力の弱い側が強くなり、強い側の力が落ちると思うひとはいないと思う。起こることは、力の強い側により力が集中することである。弱い側はより弱くなる。

それを防ぐには、よほどしっかりした使命とマネジメント力が求められるが、平成の大合併にはその大事なものがなかった。効率が目的になってしまった。細かなことが無視されるようになった。

旧海部町はそれでもまだ、独自の文化を守っていた。しかし、その外との境界は、何もしなければそのまま薄れてしまうかもしれない。

岡檀さんが発表したいくつかの自殺希少地域の統計は、平成の大合併前のものであり、大合併後は、その自殺予防因子を失いつつあるところもあるのだと旅の中で感じた。

「人生は何かあるもんだ」で生まれた組織

自殺希少地域での旅の中で、ある共通したコンセプトをもったコミュニティがあることに気付いた。各地域によってその名前は異なるし組織の編成も異なるのだが、この組織の力は、大きな意味があると感じた。名前も有名となった組織は、この旧海部町にある「朋輩組」であろう。

旧海部町の旅館のおやじさんは、

「人生は何かあるもんだ」

と言う。そういう考えで組織はあると朋輩組のことを教えてくれた。

組織の発祥は約四〇〇年前だという。もともと次男三男たちが働く場所や生きる場所を探して集まって生まれた地であり、みな基盤がないゆえにお互いに助け合わなければならなかった。

「問題が起こらないように監視するのではなく、問題が起こるもんだと思って起こった問題をいっしょに考えて解決するために組織がある」

組織の構成人数は八人から一八人とさまざま。同世代で構成される。町内会ごとではない形。入会脱会は自由意志に任される。外から来るひとが多かった地域ゆえに出入り自由になっているともいう。メンバーはさまざまな知識をもっている。

主に冠婚葬祭のときにその力は発揮されてきた。

誰かの親がなくなるとする。朋輩組の仲間が集まる。仕事を休んで集まる。もちろんそれぞれ事情があるから、どうしても来られないときは来られないと言うだけでいい。

組織の運営も自由意志でなされる。

「当事者は、力がないときもある。悲しみに崩れているかもしれない。本人はそこにいたらいい。あとは周りがやる」

今は、みんなが忙しくなっているので業者に頼むことも増えてきたというが、それでも人生の一大事に助けに来る仲間がいる。

この仲間は、家族や親戚と同じくらい強い絆《きずな》があるという。

「家族や親戚、あとは、町内のひとには言えないこともある。そういうのを相談するときに集まることもある」

昔ほど活発な活動ではないようだが、それでもときどきはあるという。

「お金のトラブル、離婚にかかわること、人生の一大事、いろいろある」

組織にはいろいろなメンバーがいるから、いろいろな知識がそこに集まる。たいていのトラブルは対話によって解決する。

話を聞いていく中でとても興味深いと感じたのは、組織の形以上に、旅館のおやじさんの知識や考え方の豊かさだった。

「その病気のための手術は、名古屋の○○先生が上手だ」

そういう知識が朋輩組に集積されている。

この組織は、この時点で一六組。小さな地域にも存在し、ひとを助けるための知識や技術が蓄積されていた。そしてそれは伝承され続ける。若い組織が立ち上がる。組織はそれぞれ歴史が異なる。若い組織は年長の組織に相談することもある。互いに組織としては対等な関係が保たれている。

そして話は戻る。

「人生は何かあるもんだ」

何かあるもんだから、集まって、そして知識を共有して、それを蓄積していく。何かあるから助けるために存在する組織。知識は伝承され続ける。そのうえ強制力がない。なんという見事な組織だろうと思う。

チームやグループが地域で作られるときは、何かの困りごとに対して作られる。このとき二つのタイプがある。問題があることを前提に問題があったときに動く組織と、問題が起こらないように見守るための組織だ。両方とももちろん大事なのだが、どちらかというと問題が起こらないように見守るための組織が圧倒的に多く、多くの組織はそちら側に傾きやすいように思う。

何も起こらないようにする組織は管理や監視が強い。規則も多い。何か問題が発生したときの問題解決能力は弱い。問題が解決した後で再び問題が起こらないようにまたルールが生まれる。

しかし社会は常に変化する。綿密に作られたルールはあっという間に陳腐化する。ルールそのものが組織の機動性を奪い組織存続を危うくする。ルールだらけになっていく。

一方で、何かあるのが当然としてこれを解決しようとする組織は変化に対応できる。変化に対応することを主眼とするから、ルールは最小限になる。ルールは機動力を下げると知っているからである。柔軟かつ機動性をもって解決しなければならない。問題を解決する能力は長《た》けていく。ただし、これだけで終われば同じ問題が何度も起こることへの解決にはならない。両方の力をバランスよくもつことが重要である。

しかし、ルールは最小限で、かつ柔軟かつ機動力があることは大事なことだ。問題解決を使命としたならば、再び同じ問題が起こることそのことを問題と考え、再発防止の話し合いができる。そして機動力を保つことを重視できていたならば再発防止はすぐに達成できる。

心理的負担の度合いも変わる。問題を防止することに偏る組織は、問題が起こったときに、あんなに起こらないように準備したのにどうして起こったのか?と責任問題に変わっていく。どんなに準備しても問題は発生するものだというのに悪者探しが始まりやすくなる。もちろん、問題が起こった時にそれをひとのせいにするのではなく構造のせいだと考えることができたならば、構造をどう変えていけるかと前向きな議論はできる。それでも、問題が起こることが悪いことだとして、原因となったひとは罰としての反省文を書かされてしまったりする。反省文はひとに挑戦を妨げることを学習させる。これはまったく無駄なことだ。

何かをすることは何かが起こるものである。予防や防止はある程度はできるかもしれないが、起こったからといってそれを誰かの責任に落とし込んでも問題解決にはならない。

うまくマネジメントされていなければ、問題を起こしたひとは排除される。居場所を失う。多くのひとは、再び問題を起こすことを恐れ挑戦しなくなる。そして互いを監視しあう。ついには変化を生み出すようなひとと、挑戦をしようとするひとを排除するようになる。組織は古くなりやがて新しいひとが入らなくなる。

「新しいひとが入らない」と嘆き、「最近の若いひとは現実がわかっていない」などとひとのせいにしてしまったとしたら、その組織は衰退するしかない。

一方で、「人生は何かあるもんだ」という意識で組み立てられる組織は、つねに変化に対応する。時代は変化する。仮に旧来の組織が解体することがあっても組織のコンセプトは残るから別の形で何かが生まれる。生まれなかったとしたら、それは同じく時代のせいにしてしまったときである。

さて、ここまで組織だったものではなかったが、先程も述べたように私が行ったほかの四か所の地域でもこのような組織は存在した。人生は何かあるものだというコンセプトに対応するための組織である。ある地域は近所同士を「隣組」とし、その組どうしで助け合っていた。

「近所づきあいは大変だけどね」

と言いながらも、ひとは助け合うものだと知っていた。個人で問題を抱えないように組織があった。ただし、問題を監視するためではなく、何かあったときに助け合える組織だった。

いずれの地域も、その組織構成は異なったが、問題が起こることを前提としている何かがあり、起こったときの解決に向けた機動力と柔軟性、そして即時性が備わっていた。

他人のせいにしない

海部町の駅のそばに、山がのっかっていないトンネルが立っている。

「あそこにトンネルあるでしょ」

海部町の、人生は何かあるのが当たり前、失敗したり問題があったりしたらそれを誰かのせいにして責め立てるようなことはしない、何かあったらみんなでそういうもんだと思って、そしてどうしたらいいかを話しあう習慣は、このトンネルのエピソードにも象徴される。

「山があったから行政が、まあトンネルを作ろうってことになったわけですわ」

税金が動くことだから町民全員にかかわる問題である。そしてトンネルができた。

「ところが、じきに、嵐が来て山がもってかれたんですわ」

そこに在ることを教えてもらうまで気づかなかった「トンネル」を見ると、確かにそれはトンネルだけしかなくて上に何もないことにびっくりする。

「ふつうは、行政何やってんだって、怒ったりもするんだと思うんですわ」

しかし町民は怒らなかったという。

「それどころか、トンネルの上に植物植えるひとまで現れた」

今は、高齢化が進みトンネルの上に植物を植える体力のあるひとがいないからトンネルの上は雑草が茂っている。

町民は、人生何かあるものだとわかっている。挑戦することはする。よく考えて挑戦したことだとも信じている。しかし未来のことはだれもわからない。未来のことがわかるのは予言者だけである。だから、行政を責めることはほとんどなかったのだという。そのうえ、

「こりゃいいわ」

と思う人まで現れて植物を植えたというのである。

このエピソードだけをきくと、なんともおおらかで、のんきなひとたちだと思うわけだが、その実は人生の厳しさや未来の危うさをよく知っていて、それゆえに工夫する習慣があるからこそのものだとわかる。気持ちだけではおおらかになどできない。

このエピソードにはもしかしたらもうひとつの、岡さんが行った調査結果も意味を与えてくれるかもしれない。

「政治は自分たちが変えられると思うひとの割合が多い」

というものである。政治は他人が行うものではない。そこに住むひとが行うものである。それが住民が行政のひとに仕事を任せっきりになっていたり、行政も効率を求めるがゆえに住民とよく対話をしなくなっていくと、互いの関係は悪くなって、何かあったら互いの責任にしてしまう。しかし、政治は自分事だと知っている住民が多いならばそのような仲たがいは起こらない。嵐で山がなくなったトンネルは、行政の責任ではなくて、自分たちの仲間が考えてくれたものであって自分たちもそこにかかわっていると思えているようなのである。

非営利組織に見出す希望

とはいえ、やはり高齢化や過疎化の波は、組織存続においては打撃が大きい。どんなによい組織であってもひとがいなければ成り立たない。

この解決には何があるのかと眺めてみると、私が行った地域に、非営利組織（ＮＰＯ）の活動が活発である地域があることを感じた。

ＮＰＯは、まさに問題解決のための組織である。何かが問題だと定め、それの解決のために組織が作られる。地域の障がいをもつひとの居場所がないとなれば居場所を作ることをミッションにし、観光業が停滞しているとなれば観光業を活性化させることをミッションとする。そのミッションのためにひとが集まる。

朋輩組もいわば非営利組織である。ただその違いは、朋輩組が活発だった時代は、そのメンバーが地元で仕事をし生活ができていたことであろう。今、朋輩組の力が以前より小さいと感じるのは、メンバーが外の地域で仕事をしなければならないからである。メンバーのために動く時間は稼ぎがなくなる。その度合いは地元で仕事をしているときよりも大きくなる。

この問題をNPOは解決することができる。NPOの職員になれたならば問題解決をすることが仕事になるからである。

NPOはさまざまなところから助成金をもらったり、個人から寄付をもらったりすることで成り立つ。地域の困りごとが何で、これは誰かがやらなければならないのだけれども、その仕事そのものは収益を得られない、そういうものは無数にある。

地域のことは地域住民が解決すべきだという考え方は成り立たなくなってきた。地域の、お金を生み出さないけれども生活するうえで共通の利益となるものを誰が担うのか。近所のごみの整理や子どもの世話、老人の手伝いを誰がするのか。

家族がするのだとすれば、家族は仕事を減らさざるを得なくなり生活がより苦しくなる。何かを犠牲にしなければ地域にとって必要なことはできない。

そこで、働きに出るひとは働きに出て、地域にとって必要な、しかし収益のあがらないことについてNPOに担ってもらうためにNPOにお金を寄付するという構造がひとつの解決方法となる。NPOの台頭は知識労働社会においては必須の現象となる。

ＮＰＯに求められるのは、問題解決能力と、寄付を得るためのプレゼン能力だ。「このことがないと地域が成り立ちません。私たちがやるとこんなによいことがあります。私たちに仕事を任せてください。寄付をください」と伝える力である。営利組織との違いは、サービスや商品を売った相手からお金をもらうのではなく、コンセプトに共感してくれたひとからお金をもらうということである。

時代は変わっていく。効率が重視されざるを得ないために失われていくものも多くある。そうした中での、ＮＰＯのこうした地域での台頭は新しい希望を感じさせてくれる。

自殺希少地域には、問題解決のための組織が、それぞれの地域の特性に合わせて存在する。時代の変化によって、もともとあった組織はどうしても弱くなってしまうのだが、ＮＰＯの台頭によって、新しい交流が始まろうとしている。

第３章

違う意見、同じ方向

東北の自殺の少ない村で

東北。寒い地域は自殺で亡くなるひとの数が相対的に多い。実際に日照時間が少ないことはとてもしんどいことのようで、フィンランドに行ったときは至るところに人工のライトがおいてあるのを目にした。

「本当にしんどいんだよね」

と現地に住む日本人も言っていた。

自殺と日照時間はあまり関係ないという研究報告もある。しかし、何が関係あるかを明らかにするのはとても難しいからはっきりしたことは言えない。貧しさや過疎が関係するかもしれない。

いくつかなされた研究の中で最も確からしいことは、寒い国はアルコールの消費量が多く、アルコールの量が増えることと自殺で亡くなるひとの割合が増えることとは関係ありそうだということである。

そうした東北地域の何か所かで、自殺で亡くなるひとが少ない地域がある。私はそのうちの二か所に行ってみた。

最初に訪れた青森県風間浦村《かざまうらむら》は、岡檀さんの調査結果の上位三〇には入っていないのだが、自殺で亡くなるひとの割合が相対的にとても小さい村だ。温泉があり、地形は東西に長い。

到着初日は夕方を過ぎていたのでほとんどの時間を宿で過ごした。

ここでも、私がベジタリアンであることに、そうした珍しい客が来る経験はほとんどないというのに特別何か気負う感じもなく食事を作ってくれた。

多様性に慣れている地域は、ひとはそれぞれだと思うことに慣れている。私のような少し変わった面のある者にとっては生きやすいと感じる。

宿のおやじさんは、こちらから質問をするととても親切にいろいろ話してくれた。特別干渉することはなかったが、聞けば村の歴史の話だとか、役場のダメなところだとか、いろいろと話してくれた。

悪口や陰口はあるけれど

フィールドワークの中で、ひとつ受け入れがたいことがあった。それは悪口や陰口を聞いたときだった。

誰もがあると思うのだが私にも思い込みがある。自分の好む意見のみを聞きたいと思い好まない意見を排除しようとする。思い込まないと決めても思い込んでしまう。私は、この陰口に関しては思い込みを消し去るのに時間がかかった。

悪口や陰口は生きづらさの大きな原因のひとつになっていると思っていたから、こうした地域ではそういうものはあまりないのではと思いたかった。だからそれを聞いたときは最初は受け入れられなかった。

悪口や陰口というのは、物事やひとの行動が嫌だと思ったときに、それが変わってほしいという思いがフラストレーションとなって、それを本人に直接言えないときに、別の分かり合えているひとに話す行動である。これが繰り返されれば、派閥が生まれたり、孤立するひとが出たり、弱い側のひとがつぶれていく。自殺につながる可能性もある。


では、こうした地域ではどうなのかというと、ひととひとが緩く多くつながっているので完全に孤立したりつぶれてしまったりするほどまでにはいかないということらしい。フラストレーションがたまって陰口を言ってしまったとしても、そのあとでそれで終わりにならず別の解決策が生まれたりする。

「結局、みんな知り合いだから、力加減がある」

この力加減は、何度も何度も試すことで身についていく。

本音を言わないということなのか？というとそうではないようだ。自分のこころのもっていき方を、他人を攻撃してしまう以外の形で表現できる技が増えていく。攻撃は手っ取り早い感情解決の方法かもしれない。しかし後で不利益が大きくなることを知っていれば、攻撃以外の方法を得ようとすることができる。新しい自分の助け方を見つけることができる。結果的に、自分のつらい気持ちの解決方法も。

他者を傷つけてしまうこともぐっと減る。

「怒りは無謀を以って始まり、後悔を以って終わる」(ピタゴラス)。

青森県のこの村で聞いた悪口は、ストレスを発散するようではあったのだが、そのあとで解決策を話していた。対話ができなくなったとしたら、そのまま仲たがいしてしまいそうなことだったが、そこまでにならないように対話を続けるのだろうとも思った。嫌いあってても違いがあってもそこにいていいということが前提にあるのだと。

あいさつ程度の付き合いが孤立感を癒す

旅をするときは、いつも緊張する。まったく知らない土地で、まったく知らないひとに話しかけるというフィールドワーク。アジアやアフリカのように向こうから声をかけてくれるならば気楽に会話ができるが、こちらからというと難しいと感じる。

しかも、東北は、どちらかというとよそ者を苦手とする排他性があると聞いていた。だから、到着した翌日に外に出たときには、私は少し体力がなかったこともあって、今回はフィールドワークはやめて温泉を楽しもうかと気持ちが揺れていた。

しかしその気持ちは小さな少女が変えてくれた。今どきの子どものように、小さなゲーム機をいじり

ながら外でひとり座っていた。その横を通ると少女は
「こんにちは」

と言ってくれた。ただこれだけだったのだが、私はこの土地に受け入れられたと感じた。単純なものである。もう少しぶらぶらしたところで少女は友人と遊んでいたのだが、そこでもまた、

「こんにちは」

と言ってくれた。今度は少し知り合いになった気分になれた。私は少女によってフィールドワークを頑張ることになった。


孤立感が癒されたのだ。


たくさんのひととあいさつをすると、結果的にあいさつ程度の付き合いが多くなる。地元に住む別の若い男性と話した。

「この地域のひとは、みんな知り合いだね。名前は知らないけど」

どこを歩いても誰を見かけても、その男性は、

「あいさつをする」

と言っていた。人口二〇〇〇人程度の村だから、みんなの名前を知っているのではなく名前の知らない知り合いがたくさんいると言ったことにむしろ驚いたのだが、それがほどよい距離感であり派閥がないことにつながっているのかもしれないとも感じた。あいさつ程度のつきあいであり、それが多い。

「顔をみたら、でもだいたいわかるね。あのひとはきっとだれだれさんの家の子だ、とか」

「悪い噂もひろまりやすいから、あんまりそういうのはしない」

近所との深いつながりは多くはなく、しかしたくさんの知り合いがいる。ゆえに孤立もしない。ひとりぼっちで考える時間はないくらいたくさんのひとと出会うから、孤独に悩む暇もないのかもしれない。

そんな風なことを思いながら、村をぶらぶらした。

違う意見を話し合えるから派閥がない

ぶらぶらと長い道を歩く。三か所目のここは歩く距離が長かったからひとと出会う機会は少なめだった。こうした中で、若いひとが運営するカフェを見つけた。このような地域に来ても、都会人だからか、カフェで飲むコーヒーに溺れる。あたかも海外旅行をしているときに日本食が食べたくなるような感覚と似ている。

その店で若いひとと長く話すことができた。旅の目的を伝えた。

「私も、この田舎が嫌いで、都会に出たくちです」

若いひとは子どものころに感じた嫌だと思ったエピソードを話してくれた。

「何も買わなくてもいいんですよ。朝起きたら、玄関に勝手に魚が置いてある。服を買いにいくのはとても遠いからだいたいもらう。コメも野菜も大丈夫。たまに買わなきゃいけないものはあるのだけど」

子どものころの感情とともに話しているからか、本当に嫌だったんだなと感じる話し方だった。誰もかれもが自分のことを知っている。何をしてもすぐに噂になる。

「だから、買い物がしたい、と思って都会に出たんです」

その若いひとは、都会に出て仕事である程度成功した。しかし都会に出て、そこには何もないとわかったのだという。

「きらびやかな町でした。でも、ね」

美容院に行ったとき、その若いひとはいつも固まってしまっていた。

「かっこつけていたんですよね。かっこつけなきゃいけないんだって。美容院に行っても、そこでまたかっこつけて。なんかみんな、かっこつけていなきゃ生きられない町だなって」

都会に住んでいるひとがみんなそうだというわけではない。自然なスタイルで生きているひともいると思う。しかし、この地域から都会に出て、そして仕事の成果も得たこの若いひとにとっては、都会はかっこつけなきゃいけない場所だと感じられた。

「私、わかったんです。じいちゃん、ばあちゃんが、ずっと私に言ってくれたことを」

都会生活をしながら思い出したことばが、

「ちいちゃいころから、『そのまんまでいいんだよ』『かっこつけなくていいんだよ』って、言ってたのを聞いていた」

それを思い出して、この地域に戻ってきた。そして今、とても生きやすいという。都会へのあこがれはかっこつけだったと結論付けた。

その若いひとはほかにもいろいろなことを教えてくれた。みんなが自然体に助け合っていること、悪口はあってもめったにないこと、お互いを大事に思っていること、お互いをよく知っていること、煩わしいと思うことも多いけどそれでいいのだということ。

「派閥がないんですよね」

とも教えてくれた。よく話し合いをする。誤解があったとして、誤解をそのままにしていたら地域で住めなくなる。だからよく対話をする。それで派閥がなくなる。

「派閥があると生きづらいんですよね」

狭い地域である。いがみ合いながら生きることもできるが、同じ時間を使うならばそんなことはしたくない。ほかの、小さな地方で、

「ここの川を境に仲が悪い。この道を境に仲が悪い。だから第三者がこの場所で何かをするときに両方に聞かなきゃいけない」

などと聞いたことが何度かあった。自殺希少地域ではそういうことはめったにない。派閥を作るくらいならば、お互いがうまくいくように対話をする。

そして、これは、もう少し後の旅で気付いたことだったが、自殺で亡くなるひとの少ない地域のひとは相対的に自分の考えをもっている。自分の考えがあるゆえに他人の考えを尊重する。ひとは自分の考えをもつと知っている。

違う意見を話せる。だからある人間の側やグループにつくのではなく、どの意見かによって誰と一緒になるかが決まる。ゆえに派閥がない。

理念で向かう方向を定める

組織マネジメントの学問で、組織内の人間関係がよい組織はメンバーが共通のゴールを目指しているという研究成果がある。それぞれ方法も速度も違うかもしれないが向いている方向は同じであることが、互いによい関係を保つ組織のコツとなる。

小さい地域であるならば、その地域の理念が定まっていさえすれば地域という組織はうまくいく。

例えば、旧海部町では、「人生は何かあるもんだ」と、問題が起こることを前提としそれを解決するための組織がある。問題が起こっても失敗しても、それは人生として当たり前だという共通認識があるし、問題が起こったらみんなで解決しようという意識があるから地域組織は同じ方角を向いていられる。

ほかの地域にも同じように理念があってそれが浸透しているのかを明らかにするのは難しかったが、三つ目の旅地、風間浦村は、その村の理念がはっきりとわかった。あちらこちらにそれが立ててある。

風間浦村民憲章

一、わたくしたちは、きまりを守り、親切で明るい村をつくります。
二、わたくしたちは、仕事に喜びをもち、豊かな村をつくります。
三、わたくしたちは、青少年に希望を、老人に生きがいを、そして心のあたたかい村をつくります。
四、わたくしたちは、自然を愛し、花と緑の美しい村をつくります。
五、わたくしたちは、常に知識を求め、スポーツに親しみ、楽しい村をつくります。

理念がしっかりしていると、どうしたらいいかに迷ったときに選択がぶれない。原則に基づく行動を

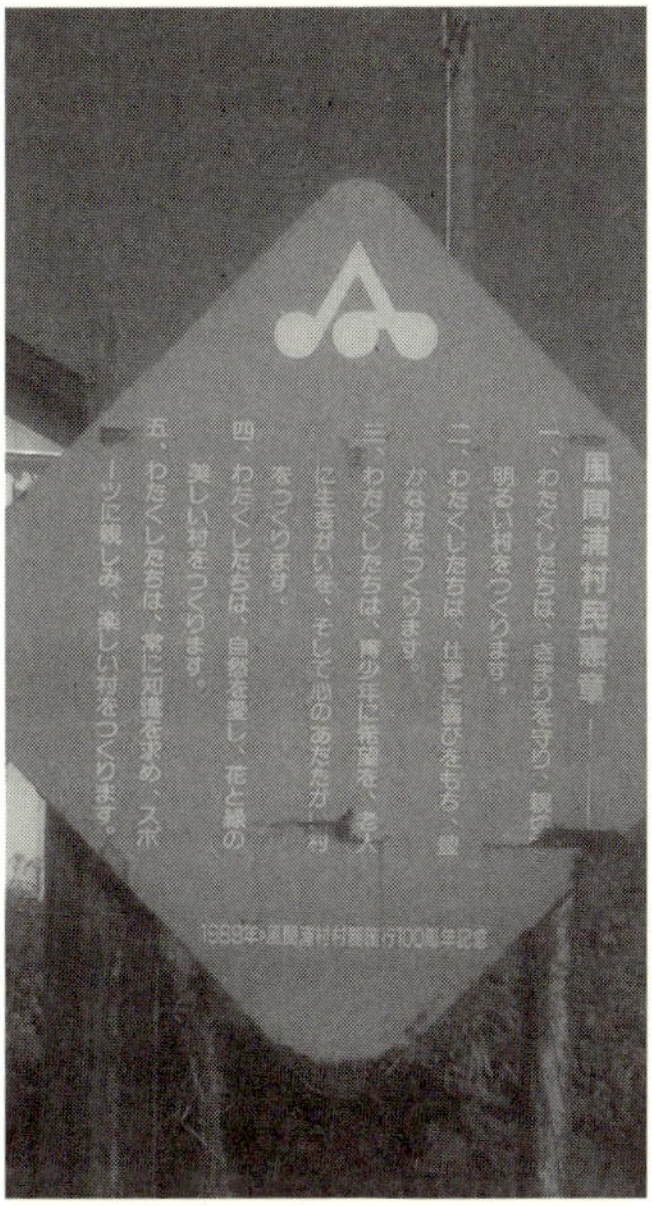

選択することができる。それが村の憲章として目に見える何か所にも置いてあるから自然と村人はそれを見ている。この村で生きるためには、この憲章を守っていくことが生きやすさとなる。この憲章を守るための方法について意見が割れることはあっても、意見の方向は同じになる。

仲が悪くなるときのひとつは、お互いが違う方向を向いているときだ。どうあっても交わることがない。互いに自分の考えが正しいと思う。こちらを向けと言う。

方向が同じならば、違うのはそこへ達するための方法だけだ。どのルートで向かってもいいとルールを決めていれば、仲が悪くなることはずっと減る。

この村は、親切で明るくて豊かであたたかく自然を愛し楽しい村をつくると決めている。この憲章はとてもよく練られている。親切でありさえすればいいわけではなく決まりは守ろうということ。豊かな村にするために仕事をするのだけれども仕事には喜びをもつと限定していること。あたたかい村とは希望をもつことと生きがいをもつことに関係するとし、美しい村とは自然が関係するとし、楽しい村とは知識とスポーツが関係するとしていること。ただ楽しいだけではない。よく学ぶこと、それがひとをよく大事にすることにつながると定義したのだ。

あまりに見事な憲章が書かれた看板があちらこちらに立ててある。

ところで私がいるクリニックも、この原稿を書いている最近、事業の定義を作った。事業が向かうべき方向を定めた。

私がいるクリニックは主に老人を診る精神科である。スタッフは患者のために何かをしようとするのだが、何が患者のためになるかはそれぞれだった。向かっている方向が定まらず、しっかり見守ることが大事だと思うひともいれば、認知症だとしても生きがいをもつ支援をするべきだと思うひともいた。

そこで開設して一年半が経ったころに、

「最高の人生を創造する」

と事業の定義を定めた。医療機関としては、この定義はそぐわないかもしれないが、老人を多く診る私たちのクリニックではこのことばがフィットした。

病気や病状を抑えることや少しでも改善させるという医療の目的が人生の幸せと関係するとは限らない。必要なことはもっと別のことかもしれない。スタッフはみんな、目の前のつらい思いや心配、不安につぶれそうになっているそのひとの不安を軽減するために何かをするだけではなく、そのひとにとって最高の人生になるだろうことをする、そのために働くと決めることができた。

チームの動きはよりスムーズになった。スタッフは互いに、最高の人生を創造するためにその選択をしたんだなと思えるようになった。

以前のままだったとしたなら、正しいことがぶつかりあってしまってなんで患者さんにそんなことをするのか?と傷つけあってしまうこともあったかもしれない。しかし今は、同じ方向を向いているとわかっているから、やり方の違いはあると理解しあえるから、なんでそんなことをするのかと考えるのではなく別の方法を提案できるようになる。向かう方向を共通させることは大事なことである。もしも方向が違うと思ったならば、その組織にいない選択もできる。

人間が悪いのではない。悪いなどということは絶対にない。ただのマネジメントの問題なのだ。それはリーダーの責任である。

こうした事業の定義は、もちろんいろいろなところで考えられている。ただ、その内容があいまいで、向かうべき方向が定められていないものも少なくはない。

「患者さんのために」

などと事業の定義があったとしたらどうであろうか。何が患者のためになるのかはバラバラだ。もしも、

「患者さんの苦痛を最小限にする」

としたとすれば方向が定まる。もちろん苦痛とは何かといった議論は必要となるが方向性は同じになる。このように定義を定めることで互いに反目するほどのことにはなりにくくなる。


風間浦村は憲章を定め、それを周知できるようにあちらこちらに立てている。

自殺希少地域での共通の理念はそれぞれの地域ごとに在り方がある。地域によっては憲章かもしれないし、理念に基づいた組織があるかもしれない。地域によっては厳しい環境があるゆえに自然にそうならざるを得なかったのかもしれない。

ただ、共通の意識というものはあるようなのである。その理念が多くのひとを包摂するものならば多くのひとが住むことができるし、承認できるひとが少ないような定義だったとしたら、その地域からは

ひとがいなくなるか定義が無視される。共有の思いがなければその組織は単に声の大きいひとに支配されるだけになる。

外に出て行く力がないひとも死なない地域

自殺で亡くなるひとが少ない別の地域から来た若いひとが、

「私はあの村が大嫌いだから出てきた」

と言った。

「村の自殺が少ないのは、嫌いだから出ていくひとが多いからだ」

と。それもひとつの見え方かもしれない。ただ、

「小さい村はみんなそうだ」

とそのひとは言ったのだが、それは違うように思う。別の、自殺で亡くなるひとが多い地域から来たひとが反対意見を言った。

「私の村は、周りにたくさん自殺で亡くなるひとがいた。自殺で亡くなることが当たり前だとさえ感じていた」

同じ東北の地の同じように小さな村であっても、場所によってこのように違う。最初の若いひとのいた村の長の、「この村を嫌いだというひとが多いがそうじゃない村にしたい」というような文面のこと

ばを見かけた。

数字は結果でしかない。自殺で亡くなるひとが少ない地域であっても、それは苦しいひとがみんな外に出てしまうからと読むひともいる。

ただ、真実はこうだろうと思う。村の外に出られるひとは金をより多くもっているひと、外の地域で生活できる力のあるひとである。力のないひとはそこで生きるしかないから、その場所が生きづらかったとしたら自殺に至ることになるのかもしれない。またはこころを守るために家に閉じこもるかもしれない。

自殺で亡くなるひとの少ない地域は、外に出て行く力がないひとも死なない地域である。

第４章　生きやすさのさまざまな工夫

平成の大合併後の町で

青森県の中で統計的にも自殺で亡くなるひとの数がかなり少ない地域のひとつが旧平舘村《たいらだてむら》だ。寒くて日照時間の少ないこの村は生きるためにさまざまな工夫がなされていて、この地域を見ると、工夫によって何とかなることも多いと感じることができる。

この村へは友人と二人で訪れた。

旧平舘村も平成の大合併によって町（外ヶ浜町《そとがはままち》）になっている。岡檀さんの調査は旧平舘村を対象にしているから、合併後は自殺希少地域の特徴は統計上は多少小さくなっている。両方の地域を歩きながら出会うひとと話をしていった中では、それが正しいのかどうかはわからないが少なくとも旅中は、合併場所を境にして対話の慣れ具合にわずかな違いを感じた。旧平舘村側は、対話により慣れている印象をもった。

最初にたどり着いた電車の駅は、旧平舘村ではない側の場所だった。旧平舘村には駅がない。バスは当面来ないとわかり、タクシーもあったのだが、私たちは町の散策をしたくて歩くことにした。

しばらく歩き、私たちはじきに荷物をもったまま長い距離を歩きだしたことを後悔した。途中にあるバス停で待つにしてもバスは二時間待たなければならない。

旧平舘村にたどり着くずっと手前にあった会社の前に中年の男性がいて、あとどれくらいでたどり着くかを尋ねると、まだまだ先だとわかった。私たちの状況を知って少し何とかしようかと考えてくれたが、

「仕事中なので車で送れないな」

と言われて、私たちは空気を読むようにしてその場から立ち去り先を進んだ。とても親切で普通の対応だったと感じたのだが、もしもこの会社が旧平舘村側にあったとしたら、誰かが送ることができるように手配してくれたりするなど、この展開は変わったかもしれないとあとで思うことになる。

長く、何もなく、ひともいない、しかし車のよく通る広い道のわきにある歩道をひたすら歩いた。私たちの旅の目的はひとと話すことだから、ひとと出会えずに歩く時間はもったいない。友人は、

「ヒッチハイクしよう」

と言った。私にはその勇気がなかった。旅を始めるときはいつも、テンションがあがるまで一日以上かかる。しかしそういう私の体質を無視して友人はヒッチハイクを始めた。そう簡単に車が止まってくれ

るとは思えず、また少し恥ずかしい思いもあって友人にやめようと伝えたのだが、そんなやりとりのわずかな時間の間に止まってくれる車があった。

「どこまで行くの？」

宿の名前を伝えると中年の男性は、

「いいよ」

と言って、車に積んであった釣り道具などを横に寄せて私たちを乗せてくれた。男性は、外の地域から仕事に来て数年この場所で住んでいるひとだった。男性は、この町はいいひとが多いよと言っていた。

この後、私たちはこのことばを信じて何度もヒッチハイクをした。毎回、数台目で車は止まってくれた。そのたびに少し旅のドラマが展開した。車に乗せてくれたひとたちが毎回、旧平舘村に住んでいる、または住んでいたひとだったのが偶然なのかどうかはわからない。

困難があったら工夫する

そこは飾りっ気のない、周囲に何もない温泉宿だったのだが、いざ泊まってみるととても居心地がよかった。宿のスタッフから強い干渉があるわけではないが孤立させることもない自然なコミュニケーションを感じた。

私たちが予約したときは、すでに部屋がいっぱいだったようなのだが、宿のひとはいろいろ工夫をして部屋を用意してくれていた。とても大きな、何か別のものに使っていた空間だった。そしてこれまでの旅と同様に、私がベジタリアンであることも自然と受け入れてくれて工夫をしてくれていた。このことはこの先の自殺希少地域も同じだった。

三か所目の旅で気付いたことは「工夫」の力である。世界は時代とともに変化するし、ひとは多様である。大自然は驚異であり変化する。相手は自ら変わる。その相手は強大であって、相手をこちらから変えることはできない。ひとが生き延びるためにすることは自分を変えることでしかない。耐え忍び頑張るのとは違う。つらいことも多いのかもしれないが、地元のひとたちはそれを根性と気合で乗り越えるのではなくて、工夫をして越えていく。工夫をする習慣があると言うのが正しいのかもしれない。

幸福度の高い国フィンランドを旅したときに、いろいろな話を聞いた。特に印象的だったもののひとつが「工夫」の話だ。フィンランドのひとたちは大自然の中へ子どものころから遊びに行く。電気もガスも水道もない場所で何日も遊ぶ。遊ぶ中でいろいろなことに気付いていくのだという。学びがそこにある。

二〇年以上そこに住むという日本人女性がこう言っていた。

「谷間に水をくむ場所があるとするでしょ。私たち日本人はそれを見ると頑張って水をくもうと考えるの。どうやって下に降りようかとか」

その女性も初めはそうしようとしたという。ところが、

「こっちのひとたちは、そんな風に頑張んない。すぐに工夫する。その辺にあるもので水がくみやすくなるものを作ってしまう。そういうことに慣れている」

私は、この話から生きやすさの基本的な部分を感じた。同じ問題や困難があったときに工夫することを知っていると知らないとでは、その困難によって受けるストレスが違う。自らの生きる世界にある多くの困難は工夫によって何とかなると思う人生なのか、努力と根性で頑張らなければならないと思う人生なのかの違いが生まれる。努力と根性を否定するわけではないが、努力と根性をふんだんに注ぐことのできるひとはそう多くない。

世界には困難なことがたくさんある。人生とは簡単なものではない。たくさんある困難すべてに全面対決することなどできない。しかし工夫をすることを知っていたとしたら人生の困難は乗り越えやすくなる。乗り越えられない壁の前で立ち尽くす前にどう工夫するかを先に考える習慣があるかどうか。

私は、普段、認知症をもつひとの診療をしている。そこで思うのは、家族や周囲のひとの工夫力の差である。誰もが認知症になりうる。最近のことを覚えることができない。さっき言ったことが分からなくなる。そのような状況に周りのひとがイライラしてしまうことがあるが、それでも本人は忘れてしまっているから何度も同じことを聞く。

周囲のひとの工夫が足りない場合、特に、相手を変えようとするひとが周囲に多い場合は、本人との喧嘩が絶えなくなるかもしれない。イライラをぶつけてしまう。

「何度言ったらわかるんだ！」

と怒られても、本人は覚えることができないから、それを直すことはできないから、また同じ怒られるようなことをしてしまう。一方で、本人からしたらなぜ怒られるのかわからない。理不尽だとさえ感じる。嫌な感情だけは残り続ける。

怒るのはイラダチを発散する行動でもあるが、相手を変えようとする思いでもある。大事な家族がものを忘れてしまうことへの不安で、忘れないようにしたくて強く言ってしまうこともある。

しかし、ものは忘れていく。さみしいことかもしれないが変えることはできない。


本人の周囲のひととの関係のよい場合は、たいていは、周りのひとがよく工夫をしている。力をうしなった本人が、心配がないように困らないように工夫をする。認知症をもつひとは少しずつ力が落ちていく。できないことが増えていく。しかし、そのたびに工夫をする。鍵がなくならないように鍵にひもをつけるとか、火をつけっぱなしにしてしまっても大丈夫なようにタイマーをセットする。

「ごはんまだか？」

と何度も聞かれるならば、食器を片付けないでおいておく。本人はなんとなく空腹で、時間の感覚もわからなくなって、まだ食べてないと思うのである。しかし食器が置いてあれば、食器がそれとわかる間はご飯を食べたんだなと思うことができる。食べたけどおなかがすいているなと思ったら、お菓子を食べたらいい。

さまざまな工夫がそこにはあるが、このような具体的な目に見える工夫がおいつかないときもある。そういうときはこころのもち方を工夫する。

私は、あるご家族に

「最近、忘れっぽさはどうですか？」

と聞いた。ご家族はすぐに、

「忘れっぽいというよりは、（頭に）入んないのよ」

と言った。それまでは忘れてしまって何度も聞かれるのにイライラしていた。しかし、

「入んないから、何度も（聞かれる前に）言うの」

と別の工夫をするようになった。短期記憶といって、新しいことを覚える力は確かにずいぶん落ちていた方なのだが、何度も何度も言うことで大事なことは覚えるようになった。

朝、血圧の薬を飲むときに、

「なんで病気でもないのに薬を飲むのか？」

と何度も聞き、喧嘩になったりもしていたのだが今は、

「高血圧になったから、先生が薬出してくれたから、朝に一回ね」

と何度も優しく、聞かれる前に本人に言っていたら、本人は、

「あ、薬ね」

と言って抵抗がなくなった。家族も本人とよく対話をし、どう言ったら本人がどう反応するかに慣れて

いったから対応が上手になっていく。薬を飲むことそのことは忘れてしまうが抵抗はなくなった。このような工夫を、ご家族はたくさんするようになって、それで笑顔が増えていった。本人もご家族も気持ちが楽になって、そうなると家の空間は以前よりずっとあたたかくなった。互いに楽になった。

自殺希少地域ではさまざまな工夫がある。旅の中で感じたさまざまな工夫は、地域それぞれの特性に合わせたものだった。生きやすい地域になるために○○という工夫をしたほうがよいといった具体的なものは共通していない。地域ごとに工夫の中身は異なる。しかし、生きやすくなるように工夫するといった方向性は同じだと感じる。相手は変えられないと知っているがゆえに自らが工夫する。

できることは助ける、できないことは相談する

とにかく旧村のひとたちと話したい。先にも書いたが、旧村のひとと、そうではない場所から来たひととでは、旅人である私たちへの態度は違ったように感じた。旧村のひと以外のひとからの対応は、親切ではあったがとても予測通りの、私にとっては普通の感じがした。

しかし、旧村のひとたちとの対話は初めて会ったというのに、特別な楽しさを感じた。ふりかえって思えばそれは、私たちに興味を示してくれたということだったのかもしれない。私たちが何を考え、何に困っていて、どうしたら助けられるのかを考えてくれていた。だから私たちの話をよく聴いてくれた。

対話をしてくれた。

もちろん、それぞれは相対的なことであって全員がそうだということではない。


ヒッチハイクをして車で送ってくれたひとのうちのひとりとの会話が、私の印象に強く残った。

「この地域のひとは、困っているひとを放っておけないかもしれないね」

私たちはヒッチハイクに応じてくれた男性の次のことばを待った。

「困っているひとがいたら、できることはするかな」

と言った。私はそこで、できないことだったら？と聞いた。男性は少し間を置いて、

「ほかのひとに相談するかな」

と言った。

「できることは助ける。できないことは相談する」

こうありさえできれば、困ったことがあったひとは孤立しないと感じた。


精神的に病むことがあったときに、最初は助けても、助けられないくらい重たいことになると本人を置いてその場から立ち去ってしまうひとが少なからずいると言われている。このとき助けられないことの言い訳をしたり、それを本人の自己責任だとしたりもする。

「甘やかしてはいけない」「うつ病は甘えだ」「人生をなめているのでは？」

などと病気になったのは自己責任だと言ってしまうひとまでいる。それでは何の助けにもならない。結果的に、病を抱える孤立したひとは、病によってではなく孤立によって自ら命を絶つかもしれない。

もしかしたらそれは、自分が助けられないと感じたときにほかのひとに助けを求めることができたならば大きく変化しうる。負担に思う気持ちがずっと減る。

本人の病は、助かりさえすればそこまで重くならない。病の重いひとを助けるのは大変なことだが、重くならないならば助けることは困難ではない。困難でなければ誰かが助けることができるから回復しやすい。重くなるひとが相対的に少なくなるならば、重くなったひとに対して重厚な援助もしやすくなる。

このことは理論上はよく言われていることであり、しかし実際はうまく機能していない考え方ではあるのだが、それが本当のことだとこのような地域では感じることができる。

コミュニケーションは上手下手ではなく慣れるもの

私の髪は癖っ毛で櫛《くし》がないと大変なことになるのだが、今回の旅には櫛を忘れてきてしまった。このような場所に櫛を売っている店はないのはわかっていたが、わずかな希望をもってある雑貨屋に入った。店主はよくしゃべるひとだった。ことばによるコミュニケーションが上手かと言われると、得意ではない様子だったが、対話することによく慣れていた。全身でことば以外の対話もする。

私の友人のひとり、「イイトコサガシ」という組織をコーディネートする冠地情《かんちじょう》さんは、発達障がいをもつ。彼は、いつもこう言う。

「発達障がいというのは、発達の障がいではなく、発達の機会を喪失したことによる障がい、すなわち、発達機会喪失障がいなのです」

ことばによるコミュニケーションの上手下手はひとそれぞれだ。しかし慣れることはできる。発達障がいをもつひとたちは、今の社会では発達障がいではないひとと分けられてしまう。分けられると、そうではないひとたちとコミュニケーションをとる機会が減る。すなわち、対話に慣れる機会が減る。

「習うより慣れる」

仮にコミュニケーションスキルの訓練をしたとしてスキルは身についたとしても、コミュニケーションに慣れていないならば互いのコミュニケーションはうまくいかない。それは障がいをもつ側ではない側でも同じことが言える。スキルがあったとしても、コミュニケーションに慣れていないから発達障がいをもつひととうまく対話することができない。

もしも、互いに慣れていたとしたら、このような困難はほとんど生じない。

このようなことはよく言われていることだが現実的には難しい。ところが自殺希少地域にくると、このようなことはよく実感する。

店主はコミュニケーションに慣れていた。

「櫛、売ってますかね?」

「櫛か、売ってないね」

そういうと、店主は、少し考え、

「ちょっと待ってな」

と言って奥に入っていった。タンスの中から櫛を三つ出してきて、

「どれがいいかな」

と三つの櫛と私を交互に見比べて、

「お兄ちゃんは、黒ね」

と言って、また奥へ入って水でそれをよく洗って、

「これ、あげるわ」

と私に手渡した。手渡された後で、

「えっ?」

私はやや遅れて反応した。そのような様子はお構いなしに、

「これ、おばあちゃんの形見の櫛」

と言った。私は意味を理解するのに少し時間がかかったが、

「えっ？　いや、そんな、もらえないです」

慌ててそう返した。しかし店主は、

「かえって喜ぶから」

と全身を使った対話によって私に櫛を渡した。

私はさすがにそれはもらえないと思って少し抵抗したのだが、そのような抵抗はまったく効果はなく、店主のコミュニケーション能力に圧倒されるようにしてそれは私のものとなった。

見ず知らずのただの客がそんな大事なものをもらうわけにはいかないから、私は多少抵抗したのである。しかし、コミュニケーションに慣れている店主の声掛けは、いただく以外の選択肢を失わせた。

もちろん、櫛がなければ困るから手に入るならとてもありがたく、とてもうれしいことだった。


私たちは櫛はいただくことにして、そのあとで少し話を聞いた。大半の内容は結婚というのがとても大事なものだということだった。

「結婚してからがスタート。ちゃんと苦労して、お互いを尊重して、お互いを大事にして、夫婦二人で築いていくことが大事。いろいろな嵐が起こるのが当たり前。それを乗り越えるのが大事。幸せになりなさい」

一緒にフィールドワークに行った友人がたまたま異性だったからそういう話になったのだが、ひとつひとつのことばはとてもあたたかく感じた。

このような地域を旅して思うのは、老人訓のすばらしさと、その出会う機会の多さだ。老人たちはいろいろなことを知っている。その老人が排除されていない地域であるから、老人のことばが地域に残っている。老人たちは尊敬されている。

風間浦村で聞いた、

「かっこつけなくていい」

と若いひとに伝える老人。生きる上で大切なことばは、このように伝承される。そのことばの意味を若者は少し人生の苦労をした後で実感して、そして若者は少し生きやすくなる。何かに迷ったときに老人のことばが生きてくる。

老人たちは知っているのだと思う。八〇年、九〇年生きてきた、たくさんの苦労をしてきた中で発見し体験したさまざまな解決の方法を知っている。しかもその生きるための方法は、その地域で過去に生きてきたひとから伝え来た方法であり、かつ、そのひとなりの工夫のことばでもある。その方法を気軽に身近で聞けるかどうかは、ひとの生きやすさに関係があることは疑いようがない。

さて、櫛をくださった店主は、この地域の連絡システムについても教えてくれた。

行政等の連絡がひとに伝わるときに、班長の役割（任期制）を担うひとがそれを受け、班員に情報を伝える。この形のシステムはさまざまな場所でもありそうだが、この地域ではよく機能しているようだった。同じシステムでも機能している地域とそうでない地域があるわけだが、どうしてそこに違いがあるのかはこうした地域で知ることができる。

その違いは、これまで経験してきたことが活かされていること、そしてよく対話ができていること、それゆえに時代の変化に合わせて柔軟に対応できていることのようである。どのようなシステムも、固定化された途端に先にあるのは陳腐化する運命のみである。未来は常に変化するゆえに、いかに柔軟に変化できるかが重要だ。同じシステムでも変化に対応する力があるかどうかが重要であり、その変化は対話によって対応できるようになっている。

現場で課題に答える

どの地域に行ってもバスの乗り方に多少の違いがある。この地域は、その方法が秀逸だ。最初、私たちはバス停でバスを待ちバスに乗った。乗ったバスは、とてもゆっくり動くのだが、それに違和は感じていなかった。バスの運転手は、

「あんたたち、向こうのほうで歩いていたひとたちだね」

と声をかけてきた。

「あ、はい」

「何日間かいると、こんな田舎だから、よくわかる」

どこから来たのかなど一般的な会話が続いた。私たちはバスの運転手に、少し気になることについて

聞いた。バスに乗る少し前に知った、「バスはバス停以外でも手をあげたら止まる」についてだ。地方というのはどこもそうだろうと思うのだが実際はそうでもない。

「この町は、バスはバス停以外にも止まる。としよりが乗ることが多いから。としよりはバス停まで来られない」

私たちは、運転手さんのことばになるほどと思った。確かに当たり前のことである。

このような地方では車がなければ移動ができないとはよく言う。そうなると、運転できなくなると移動がまったくできないことになる。バスに乗るのが大変だったら、老人たちはまったく外出しなくなる。ゆえに町のバスは老人たちのためにある。

「だから、ゆっくり動くのですね！」

「そう」

バスはゆっくりと走っていた。それは、バスを待つ老人を見つけるためである。老人を見つけて、ゆっくり乗せて、ゆっくりと動いて、ゆっくりと目的地にたどり着く。誰のためのバスかをよくわかっている。

旧平舘村は、現場の声をよく聴く村だと聞いた。現場の声に合わせ、意思決定は現場が行えるようになっている。誰のためのバスかがわかっていればバスの運用はそのようになる。

ひとの困りごとに柔軟に対応する。時代は変化する。現場はそれをよく知っている。時代が変化するにおいて必要なことは工夫だ。

意思決定が現場の声に基づいて行われたかどうかは、組織、「地域という組織」においても、とても大事なことだ。情報は現場からひとによって上層に伝えられる。伝わる情報はすでに偏っている。その机上にのみあがった情報を、頭のよい、しかし現場を知らないひとたちがまとめ、計画を立て実行する。その情報が正しいのか、情報の何を選択したのかは保証されない。頭のよいひとたちは、まとめかたと、まとめられたものに対しての分析や解決方法の選択が上手である。やり方は正しいということになる。しかし、あがってきた課題が間違っていたとしたら、どんなによい計画を立てたとしてもうまくいくはずがない。

答えは現場にある。その現場で意思決定があるかどうか。

組織のよい成果に、このことは大きく影響する。

どんなによい方法を上手に、完璧に選択したとしても、そもそもの課題が間違っていれば、答えは絶対に正しくない。やり方（プロセス）がすばらしければすばらしいほど、何が間違っているのかさえもわからなくなる。

老人が家に閉じ込もるのに対して、老人だからとして家にリハビリを導入するのか、バスを本人の前まで届けるかは、課題のとらえ方しだいである。

バスは、バス停以外にも止まる。

なぜなら車に乗ることができない老人たちのためにバスがあるからだ。

トイレを借りやすい地域

町をはじからはじまで歩いた。出会うひとに声をかけた。認知症なのだなと思う老人が、自然と町を歩いていた。困っていそうな様子になると、それに気付いたひとが声をかけていた。何がわからないのかがわかっているから、その声掛けはとても自然で、本人も声掛けを嫌がることはない。本人のペースに合わせられる。

旧村と町の間で一番感じた違いは、トイレの借りやすさかもしれない。

旧村を歩いている間、私たちは何度もトイレを借りた。

ほんの少しあいさつをする。そして、

「トイレ貸して?」

と言うと、「いいよ」と戸惑われることなく使わせてくれる。断られることがなかった。

旧海部町で聞いたのは、旧海部町では「トイレ借りるよ」とは言ってもそれは許可を得るわけではなく、ひとの家に勝手に入っていく宣言スタイルだということだ。互いに顔を知っているからできるのと、互いの距離感が絶妙であることを表したエピソードだと思う。近所づきあいは軽い。軽いのだけど「困りごとは軽く解決できる」。

自殺希少地域はトイレを気楽に使わせてくれるなどという特徴はないのだと思う。トイレを貸してくれる地域かどうかはその地域特性による。おそらく重要なことは困りごとがあったときに解決できるかどうかだ。

村の一番はじっこにひとり暮らしの老人がいた。

旅人が歩いてくるなんて珍しいことだ。少し目が合うと私たちの立ち話はすぐにもりあがった。

その中身は、ひとりはさみしいというものだった。

「みんないなくなったからね」

と。家族とはバラバラに暮らす。生活をするために若いひとは都会へ行かなければならない。人口も減っていて友人たちも少なくなっている。日中は特に近所のひとの数は少ない。

パラダイスがそこにあるわけではない。生きることは大変なことなのだ。その中で自殺で亡くなることにはならない地域。そこには工夫がある。

その老人にも同じくトイレを借りた。とても気軽に使わせてくれて使わせることにうれしそうに見えた。

五月とはいえ、海風の入る部屋はまだ寒くストーブがたかれていた。遠方であり、外出しにくいゆえにいくつかの物資が家に届いているようだった。カイロやお菓子、缶コーヒーなど。物は決して豊かにはない。簡単に買い物などできない。

トイレを借りおえると、老人は奥に入ってそのカイロとお菓子と缶コーヒーをくれた。

「まだ寒いから使って」

そういって渡されたそれらを見て、これをいただくわけにはいかないと心底思った。これはとても貴重なのである。

「いや、いただけない。こんな貴重品を」

そう言うことばが終るかどうかの途端、

「貴重品だけどあげる」

と快活なリズムでことばが返ってきた。ことばと同時に手とからだはすでに動いている。断ることのほうがとても申し訳ないと思うくらい、それをもらわなければならないと思った。確かにカイロは長い道を歩くにおいては貴重だった。老人はそのことをよく知っていた。

ここでも感じた老人の対話力の高さ。老人たちはひとを助けることに慣れている。私たち若いのは老人のこの力にまったく太刀打ちができない。私たちは年長者に守られ生き、生かされている、そういうことがわかっていく。

七〇歳を超えた女性、しかしとても元気な方が家の前で自転車を降りていて、私たちはまたトイレに

行きたくなっていた。そう聞くと、

「いいよ」

と簡単に使わせてくれた。女性とは家の外で出会っている。女性は、見ず知らずの私たちに家のどこにトイレがあるのかを教えてくれて、私たちだけを部屋にあげた。女性は外にいたままで。

いいのかなと思って中に入ると、同じくらいの七〇歳を超えたお父さんがこたつに入ってテレビを見ていた。お母さんはお父さんに声をかけてはいない。いきなり見ず知らずの私たちが家に入ってきている構図がそこにあるわけだが、私たちは
「こんにちは」

と言って会釈《えしゃく》をすると、お父さんも会釈を返してくれて、

「トイレをお借りできたらと思って」

と伝えると、お父さんはまたうなずいて、見ず知らずの私たちを特別警戒することもなく、それですぐにまたテレビを見始めた。

よく考えると、とても不思議な状況であると思うのだが。

お母さんとは、その後、少し話をした。

最近までお父さんと一緒に漁に出ていたという。体力的にもう無理かなということで仕事をやめたのだと。二人でずっと働いてきた。

このエピソードはまた自殺希少地域における特徴のひとつを感じさせた。それは男女が平等であることである。

幸福度が高い地域は男女が平等

幸福度が高い地域というのは、男女が平等であることと相関があるという研究報告がいくつかある。世界経済フォーラムの二〇一五年度版の男女平等に関しての調査報告では一四五か国中、日本は一〇一位だった。日本は男女平等ではない。同様な各国の幸福度を比較したいくつかの調査でも日本のランキングは低い。さまざまな解釈や議論が成り立つところではあるが、この圧倒的な低さは解釈をどう変えたとしてもよい面は見えない。

とはいえ、日本をひとくくりにするとそういう結果になるわけだが、男女の平等さは地域によってもちろん違う。そして自殺希少地域では、おおむね男女平等だと思っているひとが多い印象である。私たちはそのことも直接地元のひとたちに聞いた。

質問方法は単純だ。この地域は「男女は平等ですか?」と男性にも女性にも聞く。そして、「平等だね」とこうした地域のひとは答える。たくさんの人数に聞いたわけではないからはっきりとは言えないが、今のところ聞けたひとは「平等だね」と答えている。

少し背景を考えてみると、こうした地域では男性と女性の共同の仕事がある。旧平舘村では夫婦で漁に出る。大きな漁は男性ばかりが行くことになるが、小さな漁が主流な地域では男女で行く。男性も女性も仕事に出ている。

幸福度も平等指数も両方とも上位にあるノルウェーで、「幸福度ランキングが高いみたいなんだけどどうして?」と、船乗り場の受付をしている女性に聞いたことがあった。女性はとても笑顔で、その事実を知っていると言った後で、

「機会が平等だからよ」

と答えた。機会が平等である。機会が不平等にならないようにかなりの量の税金が投入されている。ゆえに、

「選択肢がたくさんあるの」

もちろん一〇〇パーセントというものはありえない。ノルウェーにもホームレス状態にあるひとはいるし、幸福だと思っていないひともいる。あるホームレス状態のひとに声をかけると、その男性は、政治が悪い不平等な国だと立腹していた。

ただし相対的に、機会が平等だと、幸福だと思っているひとが多いようなのである。

男女が平等であることはその地域の生きやすさと直結することは間違いないように思う。自殺希少地

域は男女が平等であることを努力して達成した地域と、自然とそのようになった地域とがあるようだ。自然によって与えられた環境の中で平等に仕事をしなければならなかった地域は、平等であることを守った。

そして自殺希少地域では、男性と女性の役割がよくわかっている。そこに優劣はないことを知っている。仕事の種類が異なったとしても互いに平等だと思っている。

自分が助けたいと思うから助ける

お昼ご飯をどこで何を食べるのかは、こうした地域ではどうしても苦労する。都会に住む私はどうしてもコンビニに慣れてしまっている。

こうした地方にはコンビニはないことが多い。スーパーもないこともある。小さな商店と、そして互いの物々交換のできる関係がまだ残っている。

そういうわけで食事場所に困る。しかも私はベジタリアンだから店があったとしても限定される。とはいっても、自殺希少地域ではたとえそこが肉屋さんであっても、事情を話すといやな顔ひとつせずに「なんとかしてあげよう」という気持ちを感じることが多い。肉屋さんで肉なしの食事をお願いするのだけれども。

人間にはいろいろなひとがいることを知っていて、それに対してそういうものかと思ってくれて、そのように対応してくれる。

私のような変わったことのある者にとってはとても生きやすい。


そんななかでソバ屋があって、私たちは中に入った。

明るい中年女性の店員さんたちが、自分たちのペースでお客さんとも雑談しながら仕事をしている。

私たちは少しシャイになっていたので、最初はあまり話さずにいた。こちらから話しかけなければそれほど話の展開はない。

淡々とした時間が過ぎて、食事が終わり、会計に行った。

友人が目についた商品について何か言った。

店員さんは何かを返した後、後ろにいた二人も出てきて雑談がひろがった。

「どっからきた」「なんできた」「どこ行く」

など、わいわいがやがや。

何の会話をしたか覚えていないくらい、ここは大阪?と思うくらいの対話の展開を、東北の村で見知らぬ私たちと店員さんたちがしている。

私たちはごみを手にもっていた。

「それごみでしょ。捨てといてあげる」

と、店員さんは目についたそれに対して言って、私は少し遠慮をしたのだが、そういうものは関係な

くて、

「もっていてもしょうがないでしょ」

「いいからいいから、気にしないで」

「ほら、ここ置いて」

という感じで私たちの手にもっていたごみは全部なくなった。

あとくされなし。

そして、あたたかく送ってくれて、しかしあっさりと別れた。

心地の良いリズムの中で、私たちのひとつの苦労、ごみを手にもって歩くという苦労は一瞬で解決した。


こうしたやりとりでいつも感じるのは、ひとを助けるのにおいて相手の気持ちをあまり気にせずに助けようとする態度である。その地域のひとたちの中に人助け慣れしているひとたちがいる。櫛をいただいたり、貴重品であったカイロをいただいたりしたときも同様で、相手が何かに困っていて自分が助けられることがあったならばいっきに助けてくれる。しかも見返りなしだ。

人助け慣れしているから助け方も上手だ。とても心地がよい。こんなことが各所で起こっていたとしたら、悩み事が大きくなる前にたくさんのことが解決してしまうだろうと思う。小さなうちに解決したほうがよいことは多い。抱え込まなくていい。

そのうえ、この連続人助け攻勢に対して自分の考えを打ち出すのには相当の対話力が必要になる。NOと言える対話力である。この対話を、この地域のひとたちは子どものころからやっているのである。

私の友人の中で、このようなひとが少数いる。ひとを助けることばかりしていて見返りをいっさい求めない。お礼をしようとしても断る。なんでもしてくれていて人一倍働いている。困っているひとがいると黙っていられないのだという。実際にひとは助かっていて、私も本当にたくさん助けてもらっている。そのひとは、

「自分がどうしたいか」

それだけなのだという。そのひとのお子さんたちは、その方針で育っていてとてもすばらしい人生を生きている。自分がどうしたいかを貫いている。苦労がないわけでも悲しみがないわけでもない。ただ、そうやって生き抜いている。みんながそうあれたならば本当にすばらしいのだろうなと彼女たちを見ていると思う。

自殺希少地域で、私はそう感じるのである。自分がどうしたいのかと。自分が助けたいと思うから助けるのだ。相手にとってはよけいなお世話になることもあるのかもしれないが、それでも貫くのである。そしておそらく、人助け慣れしていくと、その加減も絶妙になっていく。

「習うより慣れる」

人助け慣れしていく。
そして助けられ慣れていく。
このことは、自殺希少地域での核心のひとつと感じている。

【コラム】たらいまわしにしない仕組みへ

ここで北欧と香港、そして日本との人助けに関する興味深い意見交換があったので少し紹介したい。ある友人が北欧の話をしていたときのことだった。北欧のひとたちはよく人助けをするという話で盛り上がっていた。そこへ、

「そうすると、たとえば会社に行くなどの急がなきゃいけないときに、困ったひとがいたとして、そのひとを助けていて遅刻をしたという場合は寛容なの？」

という質問があがった。友人は、

「日本人は、助けるというときにとことんするでしょ。だからやるかやらないかの敷居が高い。あちらのひとたちは、自分のできることをすると考えるの。そしてできないことは、他のひとがすると考えるの。だから、遅刻してまで助けない」

と応えた。日本人全部をひとくくりにしてどうこう議論するのは無理があるが、国同士を相対的にみ

るとそういう傾向があるという意見だ。

そして香港に住む友人の話もここに重なる。

「香港人はね、互いに悩みはめったなことでは言わないんだ。とてもドライで、冷たいと言われることもあるよね。だけどそういう香港人には、日本人は冷たいと思っているひとが案外少なくないかもしれない」

私は合理的な香港の人たちが日本人を冷たいと思っていると聞いて、それはあまり受け入れられない事実だと最初は思った。日本人はたいていは親切だということで世界では有名だからである。友人は、世界中を二年以上の間たったひとりで旅をし、現在は香港人の女性と結婚して香港で仕事をしている。そのことばはひとつの意見としては貴重だった。私は彼のことばを聞くことにした。

「多くの香港人はね、普段悩みを言わないけど、いざ悩みを聞いたら徹底して助ける。助かるまで助ける。それゆえに普段は言わないのかもしれないんだ」

と言い、続けて、

「(香港で出会う)日本人はね、相対的によく悩みを言うほうだよね。悩みを聞いたら少しずつ手伝うよね。だけど本当に困ったときはいなくなってしまう。本当に助けが必要なときに、「そこまでは無理」と言っていなくなってしまう。そういうのを体験した香港人は、日本人が冷たいと思っているんだ」

と言った。もちろんこれは友人の知る香港での日本人についての話であるし、困っていることがあったら香港のひとは徹底して助ける力が強いというのであれば、それとの比較であるから、その行動に比べたらそうでもないというだけの話かもしれない。

ただ私は、このような話はよく聞くことだと思い出しなるほどとも思った。日本でよく聞くのは、困っているひとがいたら親切に助けるのだけど、いざ困りごとが大きくなると自分にはできないからと他に相談してと言ってしまうことである。旧海部町の旅中に私の歯の相談を大きな病院にしたときと同じである。どこに相談しても、軽いものは解決してくれるが実際に重くなるとたらいまわしになる。なんとかならないとそれは「自己責任」と言われてしまう。

こういうことを聞いていくと、こんな風にも思うのである。

自殺というものをひとくくりにして論じなければならないとしても、そこには国柄というのがある。その国の中で何が自殺の原因となるのかは国によって違う。貧困かもしれないし、何かに追い詰められたことかもしれない。日本においてはどうなのか、またはその小さな地域単位においては何が原因なのかを考えなければならない。

その日本において不足するそのひとつがまさにこれかもしれない。

「できることは助けてくれるのだけど、できないことはたらいまわしになる。重くなればなるほど孤立していく」

そして、日本での自殺希少地域は、この風習を解決するための仕組みが作られている。それは、「できることは助ける、できないことは相談する」仕組みである。

端的に言えば、この仕組みを地域に作ることができたならば自殺の問題はずいぶん減るのかもしれない。

第５章　助けっぱなし、助けられっぱなし

本土とつながったあとの島で

旅の地の四か所目は、広島県にある下蒲刈島《しもかまがりじま》（旧下蒲刈町、現在は呉市）。かつては船で往来があった島だが、今は橋によって本土とつながっている。

便利さは生きやすさと両立していかないことがある。島は、橋が生まれたことによって組織の単位が大きくなった。より効率的な地域に仕事が集まる。ゆえに、ひとがそこへ集まる。効率の弱い地域からはひとが減る。

大合併と同じように、この島も本土と橋がつながったことで効率の力によって中心部へひとが吸われてしまった。島の力は落ちた。

それの良し悪しを言いたいのではない。そういうことが起こっているのだと書きたいのである。

そんなことを聞いていたから、その島に行くのは少し迷っていた。かつては生きやすい地域だったと

して、今はそうではないということなのかと。旧海部町の何人かの老人たちが、

「昔はよかった、今はさみしい」

と話していて、そのことばはとてもさみしく感じていたから、それを聞きたくない思いもあった。

しかし私たちはそこへ行くことにした。また、同じ友人と二人で向かった。

呉市に着いて、バスに乗って、橋を渡って、島に入って、そして島の中心で降りた。海に囲まれた、ゆったりと時間が流れていることを感じる風景がそこにもあった。

生き心地のよさと環境因は絶対関係があると感じる。

海の見えるバス停を降りて、あたりをほんの少しキョロキョロとみわたした。目の前に役場があった。役場のひとと話すと地域のことがよくわかる。これまでの旅では役場のひとと話すことがあまりできなかった。休みの日だったこともあったが、平日に訪れることができた地域でも、その地域の役場のひとはほかの地域から来たひとたちだったからか期待するような対応はなく、普通の対応だったし、アポなしだったから少し迷惑なんだなと感じることもあった。

それでも少しでも話せたらと思って役場にまずは行った、ついでにトイレも借りられたらと思い。

行政はひとの困りごとを解決するために存在する

役場の入り口をドキドキしながらあけた。役場のひとはすぐに出てきてくれた。私たちをみるとすぐに、

「トイレ?」

中年の女性が明るくそう言ってくれて、トイレを指さしてくれた。よく見ると、トイレはご自由にお使いくださいというような文言が玄関に貼ってあった。この地域に旅に来たひとは同じくトイレを求めて役場にくるのだなと感じた。ただ、後で気付いたのだが、バス停と役場の距離よりもより近い場所に公衆トイレもあった。役場としては、このように時々トイレを探しにくる旅人がいるならば、「公衆トイレはあちら」というような矢印や案内を置いておくのが一般的に思う。しかし、この役場では中に入ってきたことに対して何ひとつ嫌な顔をせずに笑顔で迎え入れてくれた。

トイレを借りたあとで役場の中にあるいろいろな案内を読んでみた。役場は、生活の困りごとがあったら相談に行く場所である。ほとんどの困りごとはこの役場に来れば助けてくれるのだなと感じるほど、大切な情報が目に見えるようになっていた。行政はひとの困りごとを解決するために存在する。

私は一五年以上ホームレス状態にあるひとや生活困窮にあるひとへの支援活動をしている。彼ら彼女らは生活困窮によって困っているから、どうしても区役所とかかわることが多くなる。そこで、よい対応をしてくれる職員と、現実を知らない職員とで、相談者の結果が全然変わってしまう現実をよく見る。

路上生活に至ったある若いひとは、

「役所に相談に行った。まだ若いから働けると言われた」

といって追い返されていた。こんな話を一度だけ聞いたというのであれば何か誤解があったのかなと思えるかもしれないが、こんな話を何十件も聞いているとさすがに役所の対応に疑問を抱く。生活保護の相談に行って、保護は受けられないと返されて餓死したというニュースがときどき流れるが、保護を受けられないと返されて路上生活に至ったひとのニュースはほぼ流れることはない。このことは若いひとだけではない。六〇歳を超えて仕事を失って、年金だけでは生活ができなくなって役所に相談に行ったら、

「年金をもらっているからダメだ」

と言われて返されたひともいた。ひと月八万円程度の年金で生活できなくなったから相談に行ったわけ

なのだが。

なお、東京都であれば国が定める家賃を含めた最低生活費は一二万円程度である。これ以下だと憲法で保障された生活ができないとされている。年金は最低生活費以下のひとも少なくなく、年金をもらいながら路上生活の状態にあるひとも少なくない（厚生労働省「平成二四年「ホームレスの実態に関する全国調査検討会」報告書」）。


ある認知症をもった老人が、現実を検討する力が低下して、

「福祉は受けたくない」

と言ったから、年金だけではごはんが食べられない状況にあったのだが生活保護は切られることになった。力も落ちていたので医療も中断していた。地域包括（地域包括支援センター）が心配して面倒を見ていた。血圧が二〇〇近くあったので、さすがに医療が必要とのことで往診に行った。

現実を検討する力の低下はすぐにわかった。今日が何日かもわからず、外に出ても迷子になるからと外出できず、食事も食べたか食べていないかわからないといった状況だった。

すぐに生活保護を再開できるように段取りを組んだ。しかし役所の担当は、

「本人が申請すると言わないと保護できない」

とつっぱねた。本人には生活保護を利用していたときに嫌な記憶があった。生活保護をもう一度受けようと促すと、ときどき、

「そんなものは受けない」

と答えた。一方で話の展開によっては受けると言った。食費がないこと、家賃が払えないことなどをひとつひとつ説明する。医療も中断したらダメだと伝える。その話の流れでもう一度生活保護を受けようと伝えると、受けると言った。最初から福祉を受けようと言っても、話を全部忘れてしまうから、現実を検討する力が落ちているからNOと言ってしまう。

しかし、役所の担当者はかたくなに、

「本人の意思による」

と言った。本人は、少し高圧的に出られたりするとすぐに、

「福祉なんか受けない」

と言ってしまう。結局、その担当者がいわゆるお役所仕事、書類仕事の役人だったのを利用して、こちら側も淡々と書類を用意することにした。生活保護を利用する条件を満たしていることを確認し、申請したら審査になるから申請さえしてしまえばいいわけで、それは書類でよい。これでこの男性が餓死でもしたらこの役所の担当者自身も人生を追い詰められることになっただろう。

その一方で別の役所では、ひとを助けるのにおいて真摯《しんし》だった。自分たちの職分が何かをよくわかっていた。同じく認知症になった女性がいて、家賃を滞納して住居から出ていくよう言われていた。女性は、

「何を言っているの？　そんなはずはないわ、家賃は払っています」とかたくなに答えていた。年金暮らしで、生活保護水準以下の生活を質素に行い、長くひとり暮らしをしていたひとだった。さまざまな手続きをきちんと何十年もしてきたのである。だから家賃を払っていないなどと言われるのは言いがかりだと感じる。

いずれにしても、年金暮らしだけではどうにもならなかったし、後見人によって財産管理をしてもらわないことには家を追い出されそうだったから、この件は地域包括からすぐに福祉事務所に相談が行った。ここですばらしかったのは担当者の熱意だった。本人は自覚はないし長年生活保護基準以下で生活してきていたから「生活保護など受けない」とかたくなだった。しかし、このままではダメだと地域包括も、行政の職員も、そして区役所の職員も丁寧に説明した。本人はついに気持ちが折れて福祉を受けることになった。

そのひとはそれまではひとの支援を受けることを拒んでいた。ひとが家に入ることへの拒否も強かった。ところがこうした支援が始まってからは、そのひとは支援者たちを家に入れてくれるようになった。まったく拒否がなくいつも笑顔でうれしそうにだ。短期記憶はまったくできないし本人は今でも生活保護を受けていることを覚えていない。

自殺希少地域では、この後者のような動きをよくみる。

人生は何かあるもので、自殺希少地域だからといって何も起こらないわけではない。危機はあるのである。みんなで自分ができる範囲とそれをほんの少し越えてひとを助ける。助かるまで助ける。

別の、訪問診療をした、今は亡くなっている男性も、似たような状況だった。ひとりで生きてきたからとひとの支援を拒み続けていた。実際はひとりではほとんどのことができなかったから、周囲のひとは本人の気持ちを大事にしながらできるだけの支援をしていた。そんなある日、男性は衰弱した。ケアマネージャーさんは休日返上で男性を助けるべく計画を立てて動いた。そうして数日して、男性は誰もいない時間に家で亡くなった。いったい私たちは何ができたのかととても悩んだのだが、その少し前に、男性が地域包括に電話を入れていたことを知って少し安堵《あんど》もした。男性は、

「やさしいひとたちに囲まれて、うれしかった」

と電話を入れていたのである。かたくなにひとの支援を拒んでいたひとだったから、それを知ってうれしかった。

この男性への支援の仕方は、現場では迷うところだったかもしれない。本人は支援を拒む。しかしできないことが多くひとりでは生活できない。そしてついに弱ってしまう。支援者はこのとき、本人の意向について心配する。入って行っていいのかどうかと。

私たちは、この男性についてはこう決めていた。男性を助けると。自分たちがどうしたいのかで動くと。このひとを助けたいという思いで動くと。

弱っているひとの意思を聞くことは時には間違うことがある。弱っているからこそ本当は助けてほしいと思っていても助けてと言えなくなる。意向を質問すればするほど拒否していく。弱っているときは、「入っていいですか?」と聞くのではなく、「助けに来たよ」と入っていく。それでも断られるのであれば、それは本人が本当に嫌だということである。しかしたいていは、「ああ、ありがとう」と言う。契約とか金銭のこととか制度が絡むとややこしいことになるのだが、ひとの営みのことではそれは当然のことなのだ。契約が関係して契約が結べないことが心配だったら、そこは無償でやったらいい。支援者の仕事は相手を助けることだ。お金は目的ではない。お金は仕事を続けるための責任ではある。だからといって、お金をもらう契約が結べなかったから助けることができないのであれば本末転倒になってしまう。

さて、下蒲刈島の役場でのことに戻る。自らのミッションをよく理解した役場である。いろいろ冊子を眺めていても何も言われない。かといって声をかけてくるわけでもない。そこで、トイレのことを教えてくれたひとと少し話したいと思って宿の場所を聞くことにした。

「すみません」

「はい、なんでしょう」

現地の心地よいリズムでことばが返ってくる。宿の場所を聞くと、

「バスの時間何時だったかなあ」

とバスの時間を調べてくれて、時間が少し先だとわかると今度は別の手段を考えてくれた。隣にお土産屋さんがあって、そこの会社が関係しているとかで、仕事中だというのに私たちを会社まで案内してくれた。そして私たちの困りごとを話してくれた。私たちが完全につながったとわかるまで役場のひとは近くにいてくれて、それから何もなかったかのように帰っていった。なぜここまでしてくれるのかと思う。

こんなことは当たり前だと思うひともいるかもしれないが、旅人側からみるとこんなことはめったにない。しかも役場のひとがここまでしてくれることなどほとんどない。机の向こう側から、こちら側に来てくれるひとは多くない。

もしかしたら、

「ちょっとうちではわかりません」

で終わることもある。うちは役場だ、宿のことを聞くなんて非常識だと思われたっておかしくはない。少し親切ならば、バスの時刻表を教えてくれたかもしれない。しかし、バスが数時間待ちとわかったとしても、待つしかないねとなったとしても普通のことである。さらに親切だったら、

「隣の店舗に行くと何とかしてくれるかもよ、相談してみて」

と言ってくれるかもしれない。私たちがそこへ向かおうとしたら、それで任務は終了する。隣の店舗が何とかしてくれるかもということを知っているだけすごいことかもしれない。

しかし、この役場では私たちが答えを見つけられるまで付き添ってくれた。答えが見つかることを確

認するまで。

この間、いろいろと雑談もあったが内容は忘れてしまった。どこから来たか、どうして来たかというよくある内容だったように思う。そしてこの役場のひとは、その途中途中でいろいろなひとと立ち話をしていた。ものすごくコミュニケーションに慣れているのだと感じた。

意思決定は現場で

とてもきれいな宿だった。宿というかコテージだ。会社が経営する場所なため、いろいろなルールが明確だった。

ところが、ここに四泊泊まったのだが、決められた通りにできなかったとしてもあまり関係ない。何かルールから外れることはどうしてもあるのだが、そのたびに、宿で働くひとたちがいろいろ考えてくれた。

予約の都合上、途中で別の部屋に移らなければならなかったのだが、あらかじめ何時に出て、途中は入ることができなくて、何時から入ることができて、荷物は少し離れた場所で預かることはできて、といったことを予約のときに聞いていた。旅の途中だから面倒で時間がもったいないなと思っていたのだが、いざ現場では、

「いいよいいよ、そこ置いといて」

と現場の職員さんの意思で、私たちの荷物は部屋に置きっぱなしでいられたし、勝手に次の部屋にもって行ってもらえていた。いろいろなことが現場で決まる。現場で決めていいことを現場で決めるから、たいていはうまくいく。とてもうまくいく。

宿のひとはいろいろ貸してくれたし、いろいろ助けてくれたし、いろいろ気にしてくれた。こういう地域にくると、商売とそうではない部分の境界はあいまいになる。一泊いくらというわけだし、対価に見合う仕事をすれば十分なわけだが、そういうこととは関係ない部分でもたくさん助けてくれる。超高級ホテルのスイートルームは、さまざまな困りごとを解決することも含まれたサービスが対価として存在するわけだが、こうした地域の宿は、宿泊代だけでほかのいろいろなことを助けてくれる。それはサービスとは違う形だ。人助けだ。

ところで、円滑な組織の階層、指示系統には法則がある。組織の階層は少ないほうがよいというものだ。階層の上のほうで行われた指示が、階層の下のほうで実行されるときにはまったく別のものになっているし、階層の下のほうであげられる報告は途中でいろいろ修飾されて、上のほうに行ったころには別のものになっている。意思疎通ができないから階層が多くていいことなど何もない。

また、意思決定はできるだけ現場で行うべきである。少しでも階層が上であるところが現場のことを決めるとしたら、現場感覚とずれた決定をしがちになる。少し上の階層で決めなければならないこともあるとしても、現場で決められるものは現場で決めたほうがよい。あるグローバル企業は、この問題に対して現場が決めていいことを決めるのではなく、現場で決めてはいけないことだけを決めた。それ以外は現場で決めていいとしている。うまくいっている企業は、少なくともこうしたマネジメントをしている。マネジメントは、人間を管理するシステムではない。マネジメントはひとを大事にするための仕組みづくりである。

ここで泊まった宿は、これまでの泊まった宿とは異なり現場と会社が分かれていた。ルールは会社が作っていた。そのルールは一般的で常識的だった。ところが、現場のひとたちがたいていのことは意思決定できていた。とても生き心地のよい宿と感じた。臨機応変である。

困っているひとは今、即、助ける

宿はコテージなので、食べ物は自分たちで用意しなきゃいけない。私たちはのんびり海など見てしまっていたから、夕食のことを考えたのは少し遅くなってからだった。食べ物屋は近くに見当たらなかったから、役場近くにあったコンビニに行くことにした。宿と役場は、実のところはそんなに苦になる距離ではなかったから私たちはゆっくり歩いた。

そしてコンビニについて私たちは愕然《がくぜん》とする。コンビニだから遅くまで開いていると思い込んでいたわけだが、そこは夕方に閉まっていた。空腹な夜はつらいと思いながら途方に暮れていたところで、若い男性二人が、小さな会社から出てきたので食べ物屋がないかを聞いた。

「食べ物屋かあ」

男性たちは、島の外から橋を渡って会社に勤めているひとたちだった。二人で開いている食べ物屋をいくつか考えてくれて、お好み焼き屋がよいということになった。

「お好み焼き屋でよかったら乗ってきな」

と男性たちは言った。男性たちは私たちに乗っていく?とは聞かなかったから、私たちは素直に行為に甘えることができた。

このとき、もしも、「乗っていく?」と聞かれたとしたら、ここで心理的な弱い駆け引きがあったかもしれない。乗せてもらえたら助かるけど、本当は迷惑だと思っているんじゃないかなとか。


普段の仕事でも、ひとの支援をするときに、上手な支援者ともう一歩工夫をしたほうがよいと感じる支援者とがいる。ひとを助けるにおいて、その結果、成果がずいぶん異なる。上手な支援者は困っている相手に対して、「どうしますか?」と相手のことばによる返事に答えをゆだねるようにはあまり聞かない。「こういうのがいいと思うんだけど、どう?」と聞く。相手がNOと言えば、その気持ちを感じ別の提案を考える。それは、旧海部町で私が歯が痛くなったときの旅館のおやじさんのようである。私が助かるまで、私につきあってくれる。本人とよく対話をする。意思決定を相手任せにしない。本気で助けようと思うからすばらしい計画を立てる。そういう態度を支援を受ける側も感じるから、「あんたの言う通りでいいよ」となる。

あまり支援に慣れていない支援者は、「どうしますか?」と聞いてしまう。もちろん聞かなければならないことが多いのだが、どうしますか?と聞かれると、支援を受ける側は躊躇《ちゅうちょ》してしまう。現実的には助けが必要なのだが、相手に迷惑をかけてまで助かりたいとは思わない。迷惑なのかどうかをいつも考えてしまう。

支援を受けることは正当なことだとどうどうと伝えなければならない。互いに助け合うのが当たり前なのだとどうどうと伝えなければならない。それでも嫌だというのならば、それは本人の本物の意思だ。駆け引きのない意思とわかる。そうしたらまた別のことを考えたらいい。対話を続けるのである。

この下蒲刈島でも、私たちはたくさん助けてもらった。たいていは頼んでないのに助けてもらった。意向を聞かれる前に助けてもらった。私たちは確かに旅人であって困りごとがある。そういうのを島のひとたちはよく知っていて、だからついには、私たちが困る前に私たちの困りごとを先読みして助けてくれた。

お好み焼き屋につくと、男性たちはあっさりと去っていった。当たり前のことをしたくらいの感覚なのだと感じる。お好み焼き屋で食事をする。食事を終えると少し会話があった。

「どっから来た?」「何しに来た?」「どこへ行く?」

興味をもたれていることがよくわかる。だから真剣に聞いてくれる。うれしいからよく話せる。

「先週も、東京から若いひとたちが来てたな。東京のひとは島がいいんだろうね」

などといった雑談の中で、ここまでどうやって来たのかの話になった。

「そしたら、足がないね。送ってやろう」

お店の営業中なのだが、お店のお父さんが車を準備してくれた。この間、私たちは意向を聞かれていない。歩いて帰ることも覚悟していたからうれしいことなのだが申し訳ないなという思いもあり、

「お忙しい中なのに」

と言うと、ここでもやはり私たちの遠慮のことばの続きがある前に、

「いいの、いいの」

と口を閉じさせられた。会計をすると、

「今日、パチンコで勝ったのよ」

と言って、チョコレートやら食べ物やらをくれた。

「夜食にしなさい」

ともたせてくれたのである。支払った額と同等くらいのお土産と送迎付きである。

さも助けられることが当たり前かのような雰囲気に呑まれながら私たちは車に乗ることになる。


翌日、私たちは島を自転車で回った。島の活性化をしようと、島の外から若いひとたちが島に働きに来ている。外に行くひともいれば、自然が好きでそこで観光を発展させようとする若いひともいる。そういった若いひとたちが運営している店舗で自転車を借りることができたのだ。

島を一周した。

風の強い、とても厳しい環境なのだと思った。風がきわめて強い場所には集落はない。島の中のいたるところで住むことができるわけではない。しばらくは何もない真っ青な海に囲まれた空間を風と闘いながら自転車を走らせた。

「困っているひとがいたら、今、即、助けなさい」

私は島を一周する途中で会った老人のこのことばを聞いて、そうだよなと思うようになった。ひとを助けるにおいて、少し、それまでは動き出す前に考えてしまうことがあった。ここで助けることが本当に本人にとっていいことなのか、ためになることなのかどうか、と。そのつど悩んだ。しかし、このことばを聞いてからそれを実践するようにした。

そして旅を通して、このことばの実践は、自殺希少地域においては普通であるということも感じていった。困っているひとがいたら考える前に助けたらいい。大切なことは自分がどうしたいかだ。

フィンランドのトルニオの病院を見学に行ったときに教えてもらったことがある。精神面の危機があったときに、二四時間以内に助けに行くのだと。この実践はさまざまな起こりうるトラブルを最小限にした。傷はできるだけ小さいうちに解決する。

二四時間以内に行くシステムの中で働くひとたちだから、それがどれくらい忙しいのだろうかと思うかもしれないが、彼ら彼女らスタッフはゆったりと生活をしていた。日本の医療と比べると忙しくない。

「私たちは、このように支援を展開することで、平均で一〇回くらいのセッションで解決することが多くあります」

日本では、精神疾患を有したとしたら、精神科医療にかかり、かなり長い年月、内服治療を受けることになる。幻覚や妄想などの精神病を患ったとしたら、その治療は何十年も続くかもしれない。ところが、ここトルニオでは治療が終了する。

実際に幻覚妄想状態にあるひとのうち二年間で抗精神病薬を内服するひとの割合は三〇パーセントを切るという。薬なしで一二回くらいのセッションで回復し、しかも八割以上のひとが社会生活の中で仕事をしたり学校に戻ったりと普通に生活できている。日本で知る精神医療とはまったく異なる成果がある。

ここで行われている回復援助方法「オープンダイアローグ」についてはまた後で述べるが、このとき、もっとも重要なもののひとつが「即時に助ける」ことだという。

私が勤める精神科クリニックでも、即助けに行くことをできるだけしている。精神面でのSOSを本人か周囲のひとから受けたときに、できるだけ早くその場に伺う。私たちはこうすることによって、もしかしたらこれまでならば精神科病院に無理やり入院になっていたかもしれないひとたちの多くを在宅にいるままで支援できるようになった。しかもかなり軽くできた。

助け合いではなく「助けっぱなし、助けられっぱなし」

中心部の反対側よりもやや中心部よりの場所に小さな集落があった。海のそばに人工の公園があって、その前にバス停があった。誰かと話したい思いもあってバス停で少し座っていたところ、その近くの家から七〇代くらいの女性が出てきた。私たちはすぐにその女性ともつながった。本当にとても自然とひととつながることができる。警戒されることがない。

「どこから来た?」「何しに来た?」「どこへ行く?」

この女性は、一度大きな事故にあっているという。このとき近所中のひとが助けてくれたのだという。何から何まで助けてくれて、そして今、この女性はここにいる。

「今ね、うどんをたくさん作っているの」

と。助けられた感謝の気持ちをずっともちながらひとを助けているのだという。できることをするのだと。

人間関係のよい近所づきあいと悪い近所づきあいの差は、このようなところにあるのだと思う。近所の誰かが助けてくれたから、それでまたそのひとも人助けをしている。生きるということは助け合わなければならないのだが、それを自然とできている。自分ができることをする。互いに助けている。

助け合っているというのとは少し違う。助けてくれたから恩を返す、その繰り返しというのとは少し違う。誰かが誰かを助けてくれて、それゆえにまた誰かは誰かを助ける。めぐりめぐって自分も助かっている。

「情けはひとの為ならず」

とは、このことを言うのだろうとここでわかる。

見返りは必要ない。困っているひとを見ると助ける。それが返ってくるとは思っていない。ただ助ける。助けっぱなし。

そして、ひとは助けられ慣れている。助けられっぱなし。

助けっぱなし、助けられっぱなし、だ。お互いさまなのである。

その女性は、近所の足腰が弱っている老人にうどんを届け、そして、私たちにもうどんをくれた。もちろんこのとき私たちの意向は聞かれない。うどんあるけどもっていく?とは聞かれない。

自分が助けたいと思って助けてくれるのである。相手がそれをどうこうするかなど考えない。私たちを助けたって見返りなどない。完全に一期一会である。そんなことは関係なくて、ただ助けてくれたのである。

うどんはとてもおいしかった。

そしてまた次の夜も私たちは食事に困らなかった。夕方やっていた商店に入ってパンを買ったら、それが夕食であることを知ってその店主がカレーをくれた。

「カレーあるからもっていきな」

という具合である。あるけど食べる?とは聞かれない。人助け慣れしている。

そしてもちろん、店主が宿まで送ってくれた。頼んでいないのにだ。

私たちは一度も助けてほしいことを言ったことはなかった。困っているとも言ったことがなかった。頼んでないのに助けてくれる。自分が何に困っているのかさえ知らないうちに助けてくれる。

確かに夜にカレーがあったのはうれしかった。パンだけではつらかったかもしれない。

なお、翌日、公民館のようなところで文化祭があって参加したところ、

「あ、あんたたち、カレーもらったひとやろ」

と噂が広まっていたのは愛嬌《あいきょう》か。

助けっぱなし、助けられっぱなし。

島の外のひとたちも生きやすくなる

若いひとたちが、島を好きかどうかはわからない。都会をあこがれ、便利さをあこがれ、老人たちの

ことばをうるさいと感じているかもしれない。成長する過程においてそういった考えが生まれるのは自然である。橋ができて島の外へ若いひとたちはたくさん出ていった。

その一方で、島に外から来た若いひとたちにはよい影響があるかもしれない。

うどんをもらって自転車を置いた日、歩いて宿に帰るときに自転車を貸してくれたお店のひとが車に乗って私たちを追いかけてきていた。

「あ、よかった、こんにちは」

女性は、

「これから宿ですか?」

と聞いてきた。そうだと答えると

「よかったら、乗っていきませんか?」

と言ってくれた。あと、

「いや、島をゆっくり歩きたいのかなとも思ったので、ご迷惑だったら」

と、ことばを足した。

これまで出会った、島のひととのやりとりとは少し異なる感じではあった。島のひとならば、宿に行くんだったら乗っていきなさいと言うだろう。この若い女性は私たちの意向を聞いた。

私たちはひとと話すのが目的だったので、このオファーは喜んで受けた。そして女性になぜこうしてくれたのかを質問した。女性は私たちを自転車置き場で見て、私たちがどうやって帰るのかを心配してくれて、私たちを探してくれたのだ。声をかけるかどうかは迷ったのだという。それは私たちが歩くことを好んでいて余計なおせっかいになるのではと思ったからと。それでも声をかけてくれた。

女性は、外から仕事で島に来たひとだった。私は旅の目的を伝え、島のことを聞いた。

「そうですね、島のひとたちはやさしいですね。なんか、ほっとけないと思うひとたちなんですよ」

と女性は言った。「(困っているひとがいたら) ほっとけないと思うひとたち」ということばが、的を得ていると感じた。確かに、私たちは一度としてほっとかれなかった。女性は、

「私は、もともとはこうではなかったんです。でも、島のひとたちを見て、そうしようと思って。それがいいなと思って」

とことばを加えた。

島のひとたちの姿を見て、島の外の若いひとが生きやすさが何かを知って、生きやすくなる。自殺希少地域の、その連鎖の存在をここに感じた。

写真にはひとが写るもの

私はもちろんカメラをもって旅をしている。気になったものを撮って記録にとる。先に書いたお好み

焼き屋さんでのことである。

あまりにも親切だったから、私は、お店の売り上げｕｐに貢献できたらと思って、お好み焼き屋さんの暖簾《のれん》を写真に撮ってツイートしようとした。それで写真撮っていいですか?と聞いたところ、お店から店員さんが出てきて暖簾の前でピースをした。暖簾を撮りたかったんだけどなと思ったのだが、それはそれでとてもいい写真になった。

このときは私はあまり何も思わなかった。ところが同じようなことが、旅の最終日に行った文化祭でもあった。保健師さんたちがポスターを作っていて、それが秀逸だったのでうれしくなって、ポスターを指さして写真撮っていいですか?と聞いた。私のこれまでの常識からすると、「どうぞ」と言われるか、撮る条件などを言われるかといったところなのだが、ここでは、

「いいよ」

といって、保健師さんたちが互いを呼び合って全員集合してカメラの前で笑顔で立った。

こんなエピソードなのだがなんだか心があたたかく感じて、帰ってからもいつもこれらのことを思い出していた。

そんなある日、このことについて思った。

ああ、ひとが、中心なのだ、と。

ひとが、大事なのだ、と。

写真を撮るにおいて、ひとが入るのがこの地域ではおそらく常識なのである。都会人の私のこれまでの経験では、ポスターがあって、それの写真を撮っていいかと聞いたらポスターを撮ると相手も思う。

ところがこの地域では、ひとを撮ると思うのだ。別段保健師さんたちと親しく話したわけではないのだ。ポスターをみて、「これいいですね」と伝えて、「写真撮っていいですか？」と言っただけである。そしたら一瞬で全員集合して、「○○ちゃんも来て」と手招きされて後からまたひとり追加されて写真を撮ることになった。

ちなみに、写真を撮ったあとで、あなたも撮ってあげようかとは言われなかった。この勢いだからそう言われるかもとも思ったのだが、それはなかった。

相手の意向は関係ないのだと、このことを振り返るときも思う。自分がどうしたいのか。

写真を撮らせてくださいと頼んだから写真を撮らせてくれたのである。そうしてあげたかったからそうしたのである。写真を撮られることがうれしいとかありがたいとかではない。写真を撮られることがうれしいことだとしたら、おそらく私たちを被写体にして撮ると言ったかもしれない。そのひとたちは私たちがうれしいと思うことをしてくれた。

やはり、ひとが大事なのである。

「私たちが楽しくなきゃダメだ」

文化祭の合間、近くの老人施設を発見した。部外者の旅人がアポなしで紹介なしで見学依頼なんて、そうそう受け入れてくれるとは思えないのだが、受付で自己紹介をすると、

「いいよ、どうぞ」

と、私たちはあっさり中に入ることができた。

ちなみに、自殺希少地域ではいくつか施設を見せてもらっているのだが、どこもアポなしでだった。そして、この施設ではいきなり老人たちの輪の中に入れてくれた。そこで老人たちと話すことができた。

「ここはいいよ」

みなさん口々に言った。施設なのだがとても楽しいのだという。この島のひともいれば、別の島から来たひともいた。職員たちも楽しそうで、入浴介助なども笑いながら行っていた。

島の歴史や苦労話をいろいろと聞いた。そういう話は、老人たちの専売特許だ。

二時間近くの平穏な時が流れ、誰かが暇になることもなく楽しい時間が確かに過ぎていて、私たちは途中でそこから出ることにした。

帰りに、施設のリーダーに少し話を聴いた。旅の目的を伝え、施設が楽しそうな理由について質問

した。

「ここができたとき、私たちはとても悩んでいました。おとしよりたちが置いてきぼりになるのだと。おとしよりたちもそう言っていました」

時代の変化によって、この地域だとしても、おとしよりを、少なくとも日中は預けておかなければならない。子どもたちは仕事に出なければならないから、認知症をもつおとしよりをひとりで家においておけなくなる。どうしても施設が必要になる。

しかしこのことは、これまでの島の物語からするとあまり受け入れられることではなかったのかもしれない。老人は、家族や地域がみていくのである。弱い者というよりは尊敬されるべきひととして地域にいるのである。それを、弱い者として施設に預けることになる。

そこで若いひとたちが働く。若いひとたちはずっと葛藤していたという。

しかし、ここでこの島の特徴が発揮された。困っていることはほっておかない。何とかしようとする。よく考える。リーダーは、みんなとよく話し合いをしたという。そして、

「私たちが楽しくなきゃダメだ」

という結論に達した。職員が楽しいと思えない仕事はしてはいけない。これは職員の善意が前提になっている結論でもある。職員は老人たちが幸せであってほしいと思っている。その善意を疑うことなく、それゆえに老人たちが幸せであることが職員が楽しいことになる。職員が楽しいことはすなわち老人た

ちが楽しいことである。

仕事について職員が楽しくなるためにはどうしたらいいかについて話し合われ続けた。

そして今が生まれた。

職員も、老人も、確かに楽しそうだった。

時間がたてばいろいろと問題は出てくる。しかしコンセプトは変わらない。うまくいかなければ、コンセプトに照らし合わせながら自分たちの行動を変えるのである。それの連続である。

職場の人間関係がよくなる最低限の原則は、目的を同じくすることである。それぞれやり方は違うとしても向かっている方向が同じだとわかっていれば、人間関係が悪くなることはない。何のために働いているのかが分かり合えていれば、互いの人格を否定するようになるまで争うことはない。やり方が違うだけであるから方法論の話し合いをすればいい。

向かっている方向が違うならば、議論は決してかみ合うことはない。「正義」と「正義」の闘いになるから、互いに仲が悪くなる。

島のひとたちはそのことをよく知っているようだった。

【コラム】対話で行政も住民も幸せに

ある地域で行政の仕事を手伝うことがあった。行政職員は当初、

「住民は支援に慣れてしまっていて上げ膳据え膳があたりまえだと思っている」

とずっといらだちを口にしていた。

私たちは一方で住民からの声も聞いていた。

「行政は何もしない。説明なしに勝手に物事を進める。決まったことはまったく意味のないことだ。何も考えていないとしか思えない」

行政の職員は深夜まで働いていたから住民の意見は間違っているようにも思えたが、一方で住民のいらだちも、その生活を見ているとよくわかった。

私たちは両者の話を聞きながら、互いに対話ができていないことに気付いていった。どちらも正義でありどちらも間違ったことは言っていない。この議論の中で、ある職員が、

「別の地域で住民と会議をひらいたことがありました。そこで住民がこう言ったのです。「行政は何でも住民と話し合ったと言うが、そんなことは一度もなかった。あなたたちは説明はするが相談したことは一度もなかった。こういうことが決まりました、だからこれを役割分担してくださいと」」。

行政職員は、少しでも住民のためになるだろうことを考えて実行しようとした。実行する前に住民に説明をしてお伺いを立てた。行政側からするとよく説明したと思っていた。自分たちはよくやっていると思っていた。ところが住民は行政側の苦労も知らずに文句ばかり言うと感じていた。その理由

は「説明はするけど相談はしない」といった話に象徴された。

私たちが出会った行政職員は、とてもすばらしいひとたちだった。そのことに気付くとすぐに住民と対話を開始した。何度も何度も対話をした。ものごとを考えるまえに対話をしながら一緒に物事を作り上げた。当然、小さなグループで物事を決めるよりもずっと時間はかかるのだが、大事なことは物事が決まることではなくて、互いによい関係であって互いに助け合えることであって生きやすくなることである。効率的に物事が決まっても成果が意味のないものになったのならば何もしないよりもより悪い。ゆっくりでもいいから対話をしながら決めていくことが大事だ。

一年がたち、その成果が表れていた。職員は住民のことを、住民は職員のことを大好きだと何度も言っていたのだ。

成果とは、〇〇事業で何人の人に対して〇〇という結果が得られたとかいったそういうことではない。行政の仕事はひとを、住民を幸せにすることである。住民の仕事は互いに幸せであることである。〇〇という結果が成果ではない。対話を開始したその地域はすばらしい成果を得た。誰が悪いのではない。対話が不足していただけである。

第6章　ありのままを受け入れる

厳しくも美しい自然の島で

再度断っておきたいことは、過去に自殺で亡くなったひとがまったくいない地域というのはほとんどないということだ。ゆえに、自殺希少地域でも自殺で亡くなったひとがいる。ただ、他の地域に比べて驚くほど少ないということなのである。その理由を求めて私は旅をしている。

東京にあって、車は品川ナンバーが通る、伊豆七島の船がたどり着く最終地に神津島《こうづしま》（神津島村）がある。「トトロの森」か「もののけ姫」を思い出させるような神秘的な山があり、そして美しい海に囲まれる。風はとても強く自然は厳しい。

島につくと、お巡りさんが船を迎えてくれる。特別事件などないから、お巡りさんには事件がらみの仕事はない。島のために仕事をする。

「三年くらいでみんな交代するのよ」

と宿の職員さんは言う。

「たぶんね、島のひとと癒着しちゃうからじゃないかしら」

旧海部町から始まった自殺希少地域のフィールドワーク五か所目。その地域のひとたちは基本的には自分をもっている。自分の考えをもち、自分がどうしたいかで物事を選択する。長い者には巻かれることはない。島のひとたちに言うことを聞かせようとするのはとても難しそうだった。権力で押し切ろうとしても理不尽であったならば言うことは聞かなそうである。納得いかないことにはＮＯと言う。みんな同じ考えというものを嫌う。

人口約二〇〇〇人の島なのだが、住む集落はひとつで、そこにひとが密集している。その島には、高いビルやコンビニこそないが必要なものはなんでもあるように見えた。１００均や、カフェ、ソバ屋にスーパー、そしてお土産屋さんに図書館、美容院まである。

「この島、便利よ」

と、島に住み始めたある若いひとは言った。

島についたその日の夜、私は海岸にいた。この島へはひとりで来た。夕日が水平線上に沈む。都会の生活に、効率の中でもまれていく生活に、効率の中で生まれる不幸を診療という形でひとつひとつ解決しようと試みる毎日に、つまり効率との闘いに、私は疲れていたのだなと感じた。

ただ、自然があればいいのかもしれない。

いろいろなことを考えたけれども、自然とともに生きられたならばいいのかもしれない。

自然がいろいろなことを教えてくれる。

抗うことのできない自然に対して生きていくということ。

美しい光景だった。

みんな違うということ

旅先で、たいていの場合は私が精神科医であることは言わない。しかし、自殺希少地域では言わされる。相手に興味がある態度を受けるので、私はあまり心配せずに自分がそうだと言える。

精神科医であることがばれるのは旅の中ではあまり心地がよいことではない。ちょっと違う目で見られてしまうことを感じるのである。一目置かれたり、心を読まれるんじゃないかと思われたり、いろいろ相談されたりして旅が楽しくなくなってしまう。

そういうものなのだが、自殺希少地域ではそんなに構えずに言える。それは相手が、私がそういう異物だとわかったとしても何ら態度を変えずに接してくれるからである。

彼ら彼女らは、そういう異物との対話にとても慣れている。

ひとが多様であることをよく知っているから、みんなと違うものへの偏見が少ない。もう少し言うと、みんなが同じだとは思っていなくて、みんな違うと思っているから、私が精神科医という異なる存在であったとしてもあまり気にされることがない。

この話は、北欧を旅したときに聞いた話と似ている。

デンマークからスウェーデンに向かうバスの中で日本人の雑誌記者と同席した。私は北欧が「幸せな国ランキング上位」ということに興味をもって旅をしていて、そのことを記者に話すと、記者は地元で聞いた話をいくつか教えてくれた。

「この国にいる日本人は、二つに分かれるようです。生きやすいと思うか、生きにくいと思うか」

ある生きにくいと思っていた女性の話を教えてくれた。

「この国のひとは、自分が誰かを問う」

日本にいると、どこどこの会社に勤めている夫をもつ奥様という立場を確立し、その立ち位置で近所づきあいが始まっていたという。ところがデンマークでは、

「あなたは誰なのか?」

と問われるのだという。肩書きは関係がない。何をしているのか、何ができるのか、何を考えていて、どうしたいのか。

これに悩むひとは日本に帰りたいと思うのではないかと。

一方で、この国が好きだというひとはこのように思うのだという。

「私が誰なのかを見てくれる」

と。肩書や学歴や、そういう物差しでひとを見ない。

「ありのままの私を見てくれる」

どちらがいいのかどうかはわからないが、ひとが生きることにおいて、他人に左右されない強さをもつのは後者であろう。

生きることは大変なことである。その生きることの強さをもつ方法についてのひとつの考え方かもしれない。

孤立させないネットワークと対話

五か所六回目の旅は、これまでのものの集大成となった。密集したこの地域では、さまざまなことが起こり発見があった。

私が精神科医だとあっという間に告白することになった宿の職員さんは、気分の不調の治療を受けていると告白した。その話は周囲に完全にオープンになっていた。不調になったときはとても苦しくてどうしてだかわからなかった。家族ももちろん心配した。治療は島を出て本土に行かなければならない。

三時間以上かかる。

ただ、この地域での違いは、不調になってもそれは隠さなくてもいいことだった。職員さんが不調になったとわかると親戚中が見舞いに来た。よってたかって心配して、そして助けた。あれもこれも助けた。動けないだろうからといろいろ助けた。孤立することがなかった。職員さんは薬を飲みながらだが、今では元気に仕事をしている。


フィンランドのトルニオで生まれた回復援助方法「オープンダイアローグ」は、その絶大な成果において世界で広がりつつある。

このオープンダイアローグは病の発症について、こう定義している。

「ひととひとの関係の中で病は発症する」

精神疾患は、遺伝子だとか脳の話とか、ホルモンのことや脆弱《ぜいじゃく》性についてなどいろいろな説がある。その説に基づいて治療方法なり援助方法なりが研究されている。しかし、どれもオープンダイアローグほどの成果を得たものはない。そのオープンダイアローグは「ひとの間にある関係」が病の発症原因だと決めた。その仮説に基づき回復援助のプログラムが生まれた。

行われることは説に基づくのであるから、とても単純である。そのひとが生きているソーシャルネットワーク全体を見る。そのひとのネットワークの中で、生きづらくなった理由、精神疾患を発症した理由を見ていく。そしてそこを修復するために専門家たちが動く。

現在の精神医療は、病を発症したひとをひとまず別の場所に隔離する。物理的に病院に隔離することもあれば、精神医療システムという抽象的な世界に隔離することもある。精神疾患を有するものとして地域と離れてしまう。仕事も学校も休んだりやめたりすることもある。医者と患者の関係、援助者と患者との関係が構築され、その世界の中でステップを踏みながら地域生活に戻ることを目指す。

ところがオープンダイアローグは、極力地域から個人を隔離しない。問題が起こったその場所で、問題にかかわるひとたちと一緒に対話をする。なぜ本人がそう感じたのか、どうしてそうなったのかを、関係するひとたちとともに専門家を交えて対話をする。対等な関係で、対話をする。そうすることで、本人は何かを語る。互いに対話が行われることで何かが起こる。ソーシャルネットワークは対話の中でおのずと修復される。個人が、地域から一度も離れることがないことが目指される。

そんなことが神津島では当たり前のように行われていた。職員さんは決して孤立することがなかった。何が原因で不調になったのかはまったくわからなかったが、ネットワークは自然と安定していて地域の中で生活しながら職員さんは回復した。

その島のひとたちは、ひとの話をきかない

少し状況を理解するのに時間がかかった。宿の職員さんは、私が精神科医だと知ると、その場でたく

さんのことを話してきた。薬の何を飲んでいるのかとか、不調の様子とか、そして、

「あとで相談にのって、聞きたいことがあるから」

と言って出かけて行った。私は最初、ちゃんと相談にのらなきゃと思って職員さんが戻るのを宿で待っていた。ところが、である。その日、職員さんは私に相談はしなかった。そして翌日もまた同じように、

「あとで相談にのって、聞きたいことがあるから」

と言って出かけた。その日も相談はなかった。翌朝、朝食を食べてひとりになったあたりで、また職員さんはいろいろと話をしてきた。私はいろいろ聞きたいことがあるのだろうなと思っていた。めったに来ない精神科の専門家である。聞きたいことがあるはずだと。

結論から言うと、結局一度も相談はなかった。職員さんは言いたいことを言い、私に聞いたことはほとんどなかった。

職員さんは忙しそうにあちらこちら動いていた。

こんなふうなことはこの島ではよくあることだと後で知る。そのときまで私は心配したり悩んだりもしたが、それは完全なる徒労とわかる。

数年前に別の島からこの島に来たという若い男性と知り合った。彼の家に行き、島の話をいろいろ聞いた。彼はもうじき島を出るという。

「島に来て、鍛えられました」

何らかの理由があって地元からこちらに来てまた地元に戻る。彼はたくましくなったと言う。このような離島で働くのは、ある程度ゆったりとした人間関係とゆったりとした時間の中で生きていくような感覚の中で、少し休むことができるならばとの思いで来るひともいる。実際に、そのように感じていると話す外から来た若いひともいたが、彼はそうではなかったと言う。

「この島のひとたちは強い。自分をもっている」

私は、さぞ、優しいひとがたくさんいるとか、陰口などがほとんどないとか、そういう話を期待していたわけだが、彼の評価はそうではなかった。

「この島のひとたちは、ひとの話をきかない」

というのである。島が好きかと言うとそう言い切れないようだった。もちろん感謝もしているのだという。しかしとても苦労も多かったのだと。

「たとえば、自分が歌手でこういうひとが好きでと話をしたとします。その場では相手もいいねと言う。しかし興味がなければその音楽は絶対にきかない。これまでの人間関係だったらいいねと言ったら少しは聴いてみようかみたいなことになるんだと思うんですよ。でも島のひとは興味がなければ絶対にきかない」

相手に同調することはない。自分は自分であり他人は他人である。その境界がとても明瞭であるというのである。

「陰口なんかもよくある。噂話もよくある。あっという間に島中に広がる」

彼の話だけを聞いていると島に住みたくなくなってしまうが、これは彼が見た現実に対しての彼の感想である。私は彼の話を聞きながらひとつの答えに達しようとしていた。


自殺で亡くなるひとが少ない地域というのは、

「自分をしっかりともっていて、それを周りもしっかりと受け止めている地域である」

彼は別の文化の中で彼なりの価値観の中で生きてきて、そしてこの島で別の価値観と出会い、その中で数年を生き、そういう意味でたくましくなった、と言った。

彼はきっと、これからは生きやすくなるのだ、と思った。

島でひとつのコンセプトをもつ

さて、この地域は親戚関係が強い。旧海部町では地縁血縁の結びつきが弱いという調査結果が発表された。それに比べると神津島は真逆である。行政が個人を支援するときも必ず地縁血縁にお伺いを立てなければならない。政治は親戚の数で決まるとさえ言われているくらい親戚の力が強いらしい。

私は旧海部町を旅しているあたりでは、この地縁血縁の強さは確かに生きづらさと関係するのかもしれないと思っていた。関係が薄いから近所づきあいは軽くなり、機動力をもって互いに助けられるようになるのだと思っていた。感覚的によくわかりやすい。

ところが神津島ではとても濃いのである。それにも関わらず自殺で亡くなるひとが少ないのは特筆したいところである。

ここで私はひとつの考察をもつ。

よい組織とは、構成メンバーの種類が関係するのではなく、メンバーが何に向かっているのか、共通の目標は何かによって生まれるということである。やり方は、その地域その地域で異なるかもしれない。方法は多様でいいし、地域ごとに方法は異なるのが当然かもしれない。しかし、組織の目標が一致しているかどうかはとても重要だ。

この島は厳しい環境の中で生き延びてきた背景がある。そして本土からとても遠い。この環境の中で生きなければならないのである。ひとびとは密集して住んでいる。この環境の中でどう生きるか、生き延びていくかを考え続けてきて今がある。その目標に向かっている。

下蒲刈島の老人施設のときに書いた組織の形の考察は、それを二〇〇〇人の規模にしたときも同じことが言える。ひとつの目標があって、そのためにそれぞれが何かをすると互いに知っている。人数の多さはどうしても人間関係の偏りにつながってしまう。互いにうまくいかないこともあるかもしれない。そうだとしても向かっている方向が同じであるならば、傷は自殺に至るほどまでには大きくならないかもしれない。

この地域は母子家庭が多い。かつて子どもの数が多い地域だったが、今は母子家庭が多くなったために子どもの数はほかの地域よりは少し多い程度である。子どもはとても育てやすいのだという。

「出戻ってくるんだ」

と、島のひとは言った。都会のひとと結婚してうまくいかなくなって、そうなったときに島に戻る。そういうひとが多いと。

この理由を考察するのは難しい。ただ現実としてそうなのだ。この島の文化の中で生きた女性が都会のまったく異なる文化の中で生活をする。そこはとても生きづらい。そうなったときに地元に帰ってくるという選択肢がある。島はそういう女性たちに寛容だとも言える。

島の特徴として、子どもをとても大事にする文化がある。かなり大事にするのだという。別の島から来たひとは、子どもを甘やかしすぎだと感じていると言っていた。それはそのひとの考えであって、その考察が正しいかどうかはまた別の話になるが、そのひとから見るとそう見える。ほかの地域とは明らかな違いがこの島にはありそうだ。


旅の最終日に美容院に行った。宿が電話をしてくれて、営業時間ではないのに開けてくれて散髪してくれた。島の男性と結婚して数年前にこの島に一緒に来たのだという。店に子どもがいた。

子育てはおそらくしやすそうだと思った。子育てがしやすいから母子家庭が増えるとも考えられる。そうなのかどうかを知りたくて美容師さんに子育てについて聞いた。女性は、

「この島は、子育ては便利ですね」

と、ちょっと「便利」ということばに口をすべらせたと笑いながら話した。別の地方から来たその女性は、今までいた地域ではこのように子育てはうまくいかないと感じているという。

「この島では、子どもを外に出しておけば誰かが面倒をみてくれる」

母親たちのストレスはとても少ないように思えた。育てやすいのは確かなようだった。島全体が子どもを大事にするというコンセプトがあるから子育てはとてもしやすい。一見、甘やかしすぎると見えるかもしれないが、当人たちにとってはもしかしたら違うのかもしれない。

島の外に出たひとが外での生活がつらくなったときに島に戻ってきている。

そして、子どもを大事にするとことばで言うのは簡単だが、いざ実践するのはとても難しいことだし、それでも島全体でこれを共通のコンセプトとして実践しているとしたら、特別な何かが確かに起こる気がする。

非営利組織が地域の中心になっていく

効率化が進むと、効率的でない仕事と効率的な仕事とで分かれていく。非生産的な仕事と生産的な仕事で分かれていく。お金は生産的な仕事に偏る。そうなると非生産的な仕事に就くひとがいなくなる。

非生産的な仕事は直接の収入を得る仕事以外のものもある。地域の掃除だったり見守りだったり、近所づきあいのトラブルを解決したり、障がいをもつひとの支援をするといった、お金にならない仕事がある。

時代がこのように進めば進むほど、非生産的な仕事、すなわち生きていくうえで必要な共通の利益となる仕事のうち非生産的な仕事を誰が担うのかという話になる。

この問題の解決策として、先進国を中心に非営利組織(NPO)が大きくなっていった。NPOは地域生活において必要でありお金にならない部分に焦点をあて、その仕事を担う。そしてNPOは地域のつながり、コミュニティの中心になっていく。日本では他の先進国に比べるとまだまだNPOの力は弱いが、先を行く国々を見ていると、また日々変化する日本での活動を継時的に見ていくと、今後ますますNPOが大きくなっていくのだと感じる。

そして、このような高齢化が進む地方の地域において、現在もある程度活性化している地域にはNPOが目立ってきているように思う。特に下蒲刈島と神津島ではその傾向が強いかもしれない。

神津島のそのカフェはNPO法人が運営していた。

「おとしよりの会話をする場になればと思って」

と、運営にかかわるひとが教えてくれた。カフェは、地元のひとが利用していて観光客には目立たない場所にあった。そこへ三日ほど通ってみた。コーヒーを飲みながら会話をするお父さんたちや若いひとがそこにいた。コンセプトが守られながら運営されていて、障がいをもつひとのための寄付なども募られていた。

そういうチラシを見ながら、こうした地域では障がいをもつひとたちはどう生活しているのかが気になった。カフェのスタッフに施設など見学したいのだがどうしたらいいかと聞いてみた。すると、店にいた別のお客さんがたまたま施設にかかわるひとで、特養（特別養護老人ホーム）と障がいをもつひとの施設の見学の許可をいただいた。ＮＰＯが確かにひととひとがつながるコミュニティの場になっている実感をもった。

特養でも自分らしく生きられる

特養と障がいをもつ施設は隣りあわせだった。約束の時間に特養に行き、そこで見学をさせてもらった。私は認知症のひとを専門的に診察をし援助をする機会が多い。地域や施設で認知症のひとへの抗精神病薬や抗認知症薬への乱暴な使い方を危惧している。乱暴ゆえに、攻撃性が増したひとや事故を起こした老人をたくさん見たが、現段階ではそれは医療の問題だとは大きく取りざたされていない。暴力がひどくなっているなかで、私が診察することになって、抗認知症薬を1／4削っただけで暴力がなくなったというケースを何度ももった。そういう思いもあったから特養での薬も気になった。

この特養には、地元で育ったひとと、外で働いた経験があって島に来て働いているひとがいる。そのひとたちが言うには、

「この特養のひとたちは元気だ」

という。誰かが歌い始めると周りも歌い始める。とにかく明るく元気であるというのだ。実際に中を見てみると、ものすごく上手な援助がそこで繰り広げられているかというとそうでもなかった。どこでも見るような普通の対応で、ただ違いは、大きな声で歌を歌ってもあんまり気にされていないことである。都内の特養の入所者を外来に連れていらしたスタッフから、歌を歌ってしまうので他のひとに迷惑なので薬を、と言われたことが何度かある。

そして看護ステーションに入った。そこで偶然にも私のことを知っていた看護師さんが働いていて、その縁もあって興味深い話をいくつか聞けた。

薬は、看護ステーションで管理されていた。私は精神科薬が気になって、どれくらい出ているのかを聞いた。

私は今、三つの特養の精神科の嘱託医をしている。精神科薬は私が管理する。その量は、平均的な量よりもずっと少ないようには思う。抗精神病薬を出すことはめったにないが、出すとしても最小量の1／4とかを出す。出すときは、スタッフひとりが二〇人近く見ている夜にせん妄になってしまったといった状況を何とかしなければと思うときである。夜は寝てもらわないとスタッフが倒れてしまうから睡眠に関する薬も出す機会は少なくない。一応は、かかわった特養では精神科病院に入院させるようなことはなくなっている。上手に処方調整できるならば、ほとんどの場合は特養から精神科病院への入院はない。

ただ、私は、できたら薬を出さないで何とかならないかとも思っている。抗精神病薬はそれはそれでやはりリスクがある。転倒や誤嚥《ごえん》のリスクだ。極力少量にしたくても、スタッフが疲弊してしまって心身が壊れてしまうことは避けなければならない。よい援助方法でなんとでもなることもあるのだが、夜中に二〇人近くをひとりで見ている状況は、薬で何とかしなければならないことがある。

そんな視点で処方を見せてもらった。すると、なんと抗精神病薬を飲む高齢者はゼロ人だった。睡眠薬を飲んでいる高齢者も数人である。介護の方法を見ていると決してすごく洗練されているとは言えない。オーソドックスな形だったにも関わらず、薬でコントロールされているひとがいないのである。もちろん、精神病状がひどいからといって精神科病院へ入院となるといったことも滅多にない。入院の敷居は極めて高いからである。

そうだというのになぜ?と疑問がわいた。理由を聞いても納得できるものはなかなか見つからなかった。しかし、次の日の夜、看護師さんたちとご飯を食べることになってそこで聞いた話から結論付けることができた。

特養の中にいるひとたちは、全員、誰がどこに住んでいてどういう人生を過ごしてきたかがよく把握されていた。私が別のところで見たいくつかの特養では、病歴はあったとしても生活歴はそこには書かれていない。そのひとがどういった人生を過ごし、何に価値をもっていて、どのように生きたいのかを知っている職員が少ない。朝起きてご飯を食べて夜寝る。その援助を施設の忙しさの中でしているのが精一杯で、ひとりひとりの人生の話を聞く時間は介護の中ではとれないのである。

しかし神津島の特養では、互いにみんな知っているから互いの人間関係を維持できていた。精神疾患は人間関係の中で発症するのだとしたら、この特養ではそういうことはほとんど起こらないことになる。力が落ちただけであるし生活環境も変わったわけだが人間関係は変わらない。どうしてその老人が大声をあげたのかは誰かがその理由を知っている。

大声をあげたことはあまり気にされない。たいしたこととみなされない。

その特養では自分らしく生きられるのである。そうだとしたら抗精神病薬を飲む必要のあるひとなどほとんどいなくなる。


そしてもうひとつ、ひとの命を思う世界が、そこにはあった。

「この島では、ひとは家で死ぬのです。特養にいても、死ぬときは家に戻ります。みんなに見守られて死ぬ。子どももその死を目にします」

ひとは生まれて、生きて、そしていつかその一生を終える。その流れの中で決して孤立しない。その孤立しない姿を、生き様と死に様を地元のひとたちは見ていく。ひとの生死を知っている。だからもしかしたら、多くの問題は許されるのかもしれない。

「特養でひとが死ぬことになったとしても、それをほかのおとしよりに隠すことはしません。みんなで見送ります」

認知症の要介護のひとがいる特養だから、どうせ忘れちゃうから、恐怖心を与えたくないから、などいろいろな理由で他の入居者の死は隠されるのが一般的かもしれない。しかしここでは、死への旅路をみんなで見送る。

みんな互いのことをよく知っている。良いところも悪いところもよく知っている。どうしてそういう行動をとるのか、大声をあげるのか、悲しむのかを知っている。みんなそういうのを認知症のせいにしないで、長年培った絶妙な人間関係の中で対処する。そうなるとものすごくひどいことにはならない。そうなると抗精神病薬の出番はほとんどなくなる。

私が知った東京のいくつかの特養では、入居をしているけれども、そのひとの歴史を知るひとは家族しかいない。理由のわからない行動は、薬で抑えられてしまう。そうならない方法を都市部で行うのは、とても難しい。誰かが悪いわけではない。

ありのままを受け入れる

特養の見学のあと、隣にある障がいをもつひとの働く場所や居場所になっている施設に行った。そこでの見た目はよくある光景だった。ただここでも、ひとりひとりのことを職員はよく知っていた。どこに住んでいて、どういう背景でいて、どういう気持ちでいるのかをよく知っていた。背景を知っていることでいろいろと寛容になれるのかもしれない。寛容さは利用者の表情をみているとわかる。うれしそうに仕事をしている。

私はひとつの質問をしてみたかった。

「この島で、障がいをもつひとへの偏見はありますか?」

と。少し考えた後で、

「ないね」

と、職員は答えてくれた。

「みんな、誰がどうで、と知っているからね」

と。そのひとのそのままを認めている。ありのままでいいのである。そのように認められると、ひとは穏やかに生きられるようになる。障がいをもつひとたちもこの地域で生きづらくない。

他の場所でも同じような質問をした。精神の病や障がいについて私が質問をしたひとたちはみな、

「ないね」

と言った。その個人に偏見がないというのではなく島のひとはもっていないよという答えであった。

偏見のなさは多様性を受け入れていること、ありのままを受け入れていることでもある。私は宿の職員さんにくっついていってアポなしで社協(社会福祉協議会)さんが主宰する体操教室に紛れ込んだ。私がそこにいることに対して誰も何も言わなかった。スタッフは少し気を使ってくれたが、私はまった

く緊張も違和感もなくそこにいられた。私は私であることを受け入られている感覚をもてた。

みんな、違っていいのである。

なるようになる、なるようにしかならない

宿の職員さんの旦那さんと、最後の日、温泉に行った。海に囲まれたすばらしい場所だ。私はそこが好きで毎晩行っていたのだが旦那さんと行くのは初めてだった。職員さんと違って無口である。

「この島の男性は、シャイだよ」

と誰かが言っていた。

職員さんのことを聞いてみた。不調になって心配だったかなどを。しかし旦那さんはあまり心配しなかったのだという。

「なるようにしかならないから」

と。旦那さんはまるで何かを悟っているような、そして穏やかな態度でそう言った。職員さんがどういう状態になったとしてもそれを受け入れ受け止める。そのままを受け入れる。

なるほどそれで職員さんは回復したのだと思った。

この地域ではよくこのことばを聞いた。

なるようになる。なるようにしかならない。

その話の背景の中でこのようにも聞いた。

自然がとても厳しいこと。とても苦しいこともあるということ。何をしても自然にはかなわないということ。その歴史があり続けるということ。

それゆえに、

「なるようにしかならない」

ということばが、生まれた。

少しさみしくもあるように思えた。ただ、そのことばの大きな意味を、やはり感じる。


相手は変えられない、自然は変えられない。

変えられるのは自分。

だから、工夫をしよう。受け入れよう。ありのままを認めよう。

そして、自分はどうしたいのかを大事にしていく。

人生は、短いのである。生きてそして必ず生を終えるときがある。

さまざまなことがある。

それを間近でみている。

生きていく時間をどう過ごしたらいいのかは、ひとがどこからきてどこへ向かうのかを知っていれば、落ち着いて考えることができる。

この島ではそれがはっきりと見える。同じ時間を急いで生きても仕方がない。ゆっくりと互いを大事にしながら生きていけたらいい。旦那さんの、なるようにしかならない、ということばにはそのような意味が込められているように感じた。

終章　対話する力

自殺希少地域のひとたちは対話する

数年間の、五か所六回の、自殺希少地域でのフィールドワークと岡檀さんの研究の結果を感じながら、今、私が考えているのは「対話する力」についてである。その力というものをまとめられる範囲でまとめてみたいと思う。

まとめるときに参考になると思うものが、すでに紹介した「オープンダイアローグ」である。

精神疾患をもつひとと薬や診断の前に対話をしていくというオープンダイアローグは、これまでの精神医療を凌駕《りょうが》する結果を出している。八割近くのひとが抗精神病薬なしにそのこころが回復し、ひととつながり続ける。

その核となる部分が、対話だ。

オープンダイアローグという考え方を生み出したメンバーのひとり、ヤーコ・セイックラさんは、「ひとが呼吸をするように、ひとは対話をする」と言った。

生まれたときから、ひとは呼吸をし、そして対話をしている。

対話とは、外の世界に反応し、それを自分の中で受け止め、それへの反応を返すことである。返した反応は、また同じようにして返ってくる。

それはテニスボールを打ち合うのとは異なる。しっかりと受け、受けたことによって何かを感じ、感じたことを表現して、それを相手がまた受けて、それによって何かを感じ、感じたことを表現する。


ひとが赤ん坊のときに上手だった呼吸は、大人になるにつれて下手になっていく。自然な呼吸ができなくなると、緊張が強くなったり、ひとと上手にコミュニケーションがとれなくなる。からだの調子も、こころの調子も悪くなる。

それで、大人になってから呼吸法を学ぶ。

精神的な不調があるひとは特に、呼吸法を学ぶことでずいぶん気持ちが回復したり、よい状態を保つことができるようになる。

呼吸しなければ、ひとは死んでしまう。

この呼吸と同じように、ひとは対話をする。外の世界と全身を使って対話をする。ことばだけでなくからだを使って。

大人になるにつれて呼吸が下手になっていくように、対話も下手になる。ひととの関係においては、赤ん坊のように素直にひとのことばを聞き、それを素直に感じることができなくなって、そして互いに闘ってしまったり傷つけあったりしてしまう。

しかし、ひとは対話しなければ死んでしまう。

ひとは、ひととひとの関係の中で生きる。ひとと対話をしながら生きる。

どれだけ孤立していたとしても、どれだけ孤独と思ったとしても、常に何かとの関係の中に生きる。何かに影響をされ何かに影響している。

よって、ひとが精神を病むときはいつも、それはひととひとの関係性の中で起こるという考え方がある。ひとつの考え方なのかもしれないが、しかしこの考え方は、ほとんどのことを網羅しているようにも思う。

ひとがとりまく環境とうまく対話ができなくなったときに、ひとは病む。

この対話は、ひとと対話し続けることによって身につく。忘れないでいられる。

「対話というのは、自転車に乗るようなものだ」

と言ったひとがいた。自転車に乗れるようになったときに自転車の乗り方をことばで教えることはできない。対話も、どうしたら対話になるのかをことばで説明したとしても、対話ができるようにはならない。

ただ、対話は、赤ん坊のころから私たちが行っているものであるがゆえに、自然な呼吸法を取り戻すのと同じように、対話の力は取り戻すことができる。

自殺希少地域にいたひとたちは、とてもコミュニケーションに慣れていると感じた。

それを、もう少し違うことばで表現すると、よく対話をしていると感じた。

相手のことばをよく聞き、それに対して自分はどう思うかを話し、そしてまた相手がそれに対して反応する。ことばが一方通行にならないように対話をよくしている。


そして、自殺希少地域のひとたちは、相手の反応に合わせて自分がどう感じてどう動くかに慣れているように感じた。

それは、相手を変えようとしない力かもしれない。

「相手は変えられない、変えられるのは自分」

自殺希少地域のひとたちは、大自然との対話をよくしているようだった。厳しい自然があって、相手を変えることはできない。

よって、自分を変える。工夫する力を得る。相手の動きとよく対話をして新しい工夫をしていく。

工夫する力、工夫する習慣は、このようにして身に付き、そして他の困難に直面したときも工夫する習慣が助けになっていく。


よって、自殺希少地域の困難に対する対応方法はその地域地域で異なるように感じた。なぜなら、地域ごとに困難が異なるからだ。

旧海部町は外のひとの出入りが激しい。外の文化が入ってくると内部の安定が揺れる。変化は不安定さを生み出す。よって旧海部町では、その変化に対応できるよう、ひとつには朋輩組という組織が生まれた。外からくる変化と対話し、自分たちはこうするとした。そして、

「人生は何かあるもんだ」

という、問題が起こることを前提とした組織が生まれた。何かあるから、起こったときに対処しようという機動力に優れた組織だ。目的が一致しているから、その目的に沿って、目的が達成されるよう各人が努力していく。ここにポリフォニー（多声音楽）がなりたつ。互いに平等で、水平の関係があって、それぞれに役割があって、それが互いを気にしながらひとつの音楽をかなでていくように、対話が起こり何かが解決されていく。旅の中で、私たちの困りごとは対話の中で結果として解決されていった。

自然の厳しい神津島では、

「なるようになる。なるようにしかならない」

ということばが印象的だった。強い自然に対抗するのではなく、その自然とともに生きる。自然を感じながら、自然が変化することを受け入れながら、自分をそれに合わせていくしかないのだが、それが一番よいのだと思っている。相手に合わせて自分を対応させていく。

オープンダイアローグの七つの原則

精神疾患をもつひとは、全員がそうだというわけではないが、多くは精神疾患で苦しむわけではない。生きやすくなりたいといったニーズをもっている。病気を治すことを求めているのではなくて生きやすくなるためにはどうしたらいいかを知りたいと思っている。

生きにくさが病気のためなのだとしたら病気を治せばいい。例えば、甲状腺機能が低下して気持ちが落ち込むのであれば、甲状腺の治療をすることで気持ちが楽になるかもしれない。

うつ病が生きにくさの原因だとしたら、うつ病を治療したらよいのかもしれないが、うつ病は結果であるとしたら、薬で治療をしようとしても生きやすさを得られるかどうかはわからない。

それで、オープンダイアローグは、ひとの本当のニーズを明らかにしようとし、そのニーズに適合したアプローチをする援助を始めた。その方法を「対話」とした。

三〇年以上の実践の中で、よい結果を生み出したものと悪い結果となったものがある。なぜよかったのか悪かったのかを分析して生まれたのが七つの原則である。

この原則が守られたものはよい結果を生み出している。すなわち、ひとが生きることを回復させている。

①即時に助ける
②ソーシャルネットワークの見方
③柔軟かつ機動的に
④責任の所在の明確化
⑤心理的なつながりの連続性
⑥不確かさに耐える／寛容
⑦対話主義

私がオープンダイアローグを知ったのは自殺希少地域の旅を開始した後だった。自殺希少地域で気付いたこと聞いたことをノートにしながらまとめていくと、この七つの原則の存在を感じることになった。

①「困っているひとがいたら、今、即、助けなさい」（即時に助ける）

下蒲刈島で老人と立ち話をしていたときに、老人が教えてくれたことばだ。なぜだか、私たちが旅人だったからか老人と話をするといつも人生訓を教えてくれる。

そして、この教えは自然とこのような地域では実践されているように感じた。問題が大きくなる前にみんなで集まって、よってたかって助ける。

各地域の旅の中でも私たちは困ることがあった。しかしその困りごとは即時に解決した。トイレの問題も、移動の問題も、食事の問題も、誰かがその困りごとに気付いた途端に、その困りごとは即時に解決された。私たちのことばによる意向はあまり関係なかった。私たちの反応を見て、それを助けたいと思うひとがいて、困りごとを見つけたらすぐに助けるのである。

このようなことがいつも起こっているのだとしたらどうだろうか。

老人が話したそのことばは人生経験のなかで生まれたものだ。話してくれた文脈の中では、おそらくは、即助けることでうまくいったことの多くと先延ばしにしてしまったことでうまくいかなかったことの後悔とがあるように感じた。

小さな問題を放っておくと、それはいずれ大きくなるかもしれない。小さいうちは問題の解決は簡単だが大きくなれば難しくなる。問題を放置すればするほど問題の数は多くなり、問題の大きさも増す。解決がより難しくなる。

よって、大きな問題は解決されないか、放置されるかもしれない。

旧海部町では「病は市に出せ」ということばがある。これも同じような意味合いがあるように感じる。困難は小さいうちになんとかする。

②ひととひととの関係は疎で多(ソーシャルネットワークの見方)

神津島の支援職のひとが、「孤立しているひとはいないね」と言っていた。「自らひとを避けるひとはいるけれども」とも言っていた。一見、相反する両者のことばは、自らひとを避けるひとがいたとしても孤立はさせていないという意味であると感じた。

ひとはいつも、ひととの関係のなかにある。何か困りごとがあったときにその困りごとはひととの関係性の中に存在する。

そこでよく話し合いが行われていた。ひとを助けるのはひとである。誰かが困っていれば誰かが助ける。ひとりで助けることができなければ周りと相談する。孤立させることがない。

「困っているひとがいたら、できることはする。できないことは相談する」

旧平舘村で聞いたこのことばは困りごとをもったとしても孤立しないことを意味する。オープンダイアローグは、困っているひとの、困りごとにかかわるひととのネットワークが対話というものによって修復される。二人の訓練されたファシリテーター（対話促進者）がいて、対話が促されていくことで何かが起こる。自殺希少地域にはそのような訓練されたファシリテーターがいるわけではないのだが、いつもひととひとの関係は気にされている。誰がどこに住んでいてどういう理由で困っていていといったことは常にひとの中で起こる。それを、その地域のひとたちは、自分のできる方法でよってたかって助ける。

③意思決定は現場で行う（柔軟かつ機動的に）

旧平舘村では、バスは老人たちのものだと知っていた。車を運転しないひとたちのためのものである。答えはいつも現場にあって、意思決定は現場が行う。現場が行うから、現場で実行し、うまくいってもうまくいかなくてもそれは現場にフィードバックされる。フィードバックを受けて現場ではまた何かを考え工夫していく。

物事が現場で考えられ現場に意思決定権があるということは、柔軟に動けるし機動力が高いことになる。ものごとは今、即、助けられることになる。

書類がないから、ハンコがないから、営業時間外だから、ひとを助けることができないなんてことはおかしなことである。しかし、現実はそんなことばかりだ。

旧海部町に行ったとき、私の歯の痛みは大きな病院では治してもらえなかったのだが、近所のひとたちが私のわがままを大事に対話をしてくれながら解決してくれた。

④「この地域のひとたちは、見て見ぬふりができないひとたちなんですよ」(責任の所在の明確化)

いくつかの地域でこのようなことばを聞いた。自分が気付いたらそれが解決するまで何とかするのである。「できることは助ける、できないことは相談する」とは、相談を受けたひと、問題に気付いたひとが、責任をもって何とかするということである。下蒲刈島で出会った役所のひとは、私たちの困りごとを見つけたときに、「どこどこへ行ったらいいよ」と言うのではなく、困りごとが解決するとわかるまで付き添ってくれた。

考えてみれば当たり前のことかもしれない。相談を受けたら解決するまでつきあう。たらいまわしには決してならない。組織が大きくなって、役割分担が進んで、毎日が忙しくなって、互いになんだかわからなくなって、そういう相談窓口に誰かが相談したとしたら、「それはうちではありません、三階に行ってください」と言われる。そして三階でも結局解決できなくて四階に行かされる。

相談を受けたひとが責任をもつのはとても大変なことかもしれないが、自殺希少地域では責任をもつことの敷居も高くない。「できることはするが、できないことは相談する」ことができるからだ。安易に責任をもつことができる。責任をもたなきゃと強い思いをもたなくても多くのことの責任は達成される。

⑤解決するまでかかわり続ける（心理的なつながりの連続性）

旧海部町で「八二キロ先に歯医者がある」と言われたときに、あまりにも当たり前のように「車で送っていくよ」と宿のおやじさんに言われた。「よかったら送っていこうか」とは言われなかった。たかが歯が痛いくらいである。情報を探してくれただけでもうれしいことだったのだが、それどころか私の困りごとが解決するまでつきあうと自然な雰囲気で対話をしてくれるのである。

下蒲刈島でもそうだった。私たちが食事に困っていると、食事がとれると確認できるまで付き添ってくれたひとたちがいたし、そのうえ、私たちが帰れないとわかると宿まで送ってくれたひとたちもいた。一切、そこまでしてくれとは頼んでいない。

不安にならないようずっと、気持ちがつながっていると、感じた。

⑥「なるようになる。なるようにしかならない」（不確かさに耐える／寛容）

自然は厳しい。相手を変えることはできない。何が起こるかわからない。こうしたらいい、ああしたらいいというのはあったとしても、その答えが正しいかどうかは時と場合による。なるようになるし、なるようにしかならないというのは、大自然と対峙し、その中で工夫して生きてきたからこそのことばであろうと思う。そのことばは少しさみしい気もしたのだが、それはこころを平穏に保ちひととの争いを減らす工夫のようにも感じた。

外の世界は変化をする。明日は不確かである。相手は変えられない。ゆえに変えようとはしない。老人たちは、ああしたらいい、こうしたらいいとは言うが、そうしなかったとしても止めようとはしなかった。風間浦村で、

「かっこつけなくていい」

とずっと言っていた老人たちは、若者たちがかっこつけようとしていたとしても、それを強固には止めなかった。かっこつけて失敗したとしても、だから言ったでしょとは言わなかった。若者たちが成長する不確かさを見守っていた。

ひとは、生まれて、そしていつか生を終える。神津島では家でひとが死ぬ。子どもたちに隠されることはない。老人ホームであっても、老人たちに隠されることはなく、みなで見送る。

生きることに、その不確かさに寛容であることは、生きやすさと関係するのだと感じる。

⑦相手は変えられない。変えられるのは自分（対話主義）

それは、対話主義そのものであると思う。相手のことば、行動、変化を見て、自分はどう感じ、自分はどう反応するかが決まる。それによって相手をどうこうしようとはしない。自分がどう変わるかである。その変わった自分を、またその相手は見ることになる。その相手はまた、変化した自分を見て、それに反応するようにして変わっていく。

「自分がどうしたいのか」

それだけである。それだけでいい。

「この島のひとたちは、ひとの話をきかない」

と、外の島からきた若者は言ったのだが、それは、この島の本質と思われた。対話をしていくこと。ただ対話をしていくこと。相手を変えようとしない行動。しかし、結果として何かは変わるかもしれない。ただ対話をする。変えられるのは自分だけである。

七つある原則は、すべて対話によって生まれる。オープンダイアローグは七つ目を対話主義とした。助言したり相手を変えようとしたときはうまくいかないが、しっかりと対話をすることが守られたときはよい結果になるとわかったゆえに対話主義とした。

生きるということ

最後に旅を通して私が感じたことを書いていきたい。

生きるということは、とても難しいことだということについてである。

ひとひとの中にあって、その縁の中で、生き、生かされる。すばらしい両親に恵まれ、すばらしいひとたちの中で生きられたとしたら、大きな困りごとはめったに起こらないかもしれないが、そうではない環境で生きるひともいる。暴力のなかで生きてきたり、貧困のなかで選択する権利を奪われていたとしたら、より世界は生きにくい。

それでも、ひとは生まれ、そしてかならず人生を終えるときがある。

その、寿命が訪れるそのときまで、生きるのか、生き延びられるのかが問われているように思う。困難と直面したときに孤立せずに、なんとか乗り越えるそのかたわらに仲間がいるならば。たとえ乗り越えられなかったとしても孤立しないでいられる。


自殺希少地域が幸せに満ちた場所かどうかはわからない。うつ病になるひともいるし、その地域を嫌って出ていくひともいる。

ただ確かなのは、ひとが自殺に至るまでに追い詰めたり孤立させたりするようなことはとてもとても少ないということである。完璧なことはないのだとしても。

その理由は、さまざまな面で解釈されるかもしれない。

私がここで記録したのは、私の解釈にすぎないから、これが正しいなどと言うことはできない。

ただ、追い詰めたり孤立させたりしないことはできるということは確かだと思う。

ひとが、自殺で亡くなることを防ぐ方法、追いやらない方法はきっとある。

本書は、その方法の、ひとつの側面を、私が体験したことを通して紹介したものであり、それだけのものに過ぎない。願うのは、本書が何かを考えるきっかけになってもらえたらということである。

誰かが少しでも生きやすくなることを願っていたい。

謝辞

本書を手にとってくださり、私の拙い文章に付き合ってくださったみなさまにこころより感謝申し上げます。

本書を作るにあたって、現地の私と対話をしてくださった方々、助けてくださった方々にはこころからの感謝の気持ちでいっぱいです。

多くの実践者を励まし、私にとってはこの旅のきっかけを作ってくださったすばらしいフィールドワークと研究結果を発表し、そしてさまざまな助言をくださった岡檀さんにもこころからの感謝の気持ちでいっぱいです。

私の旅に、ときどきつきあってくれて、ひとと話すことを促してくれた友人・大隅彩子さんにもこころからの感謝の気持ちでいっぱいです。

本書を作ることに協力してくださったスタッフの皆さまにもこころからの感謝の気持ちでいっぱいです。

そして最後に、私に本を書くことを何年も促し続け励まし、文章力のない私の文章を丁寧になおしてくれて、講演会などにも参加してくださった渡辺和貴さんにもこころからの感謝の気持ちでいっぱいです。

みなさま、本当に有難うございました。

本書で取り上げた事例は、詳細を伏せ、内容を一部変更しております。

カバー・本文写真撮影　著者

森川すいめい（もりかわ・すいめい）
1973年生まれ。精神科医。鍼灸師。現在、医療法人社団翠会みどりの杜クリニック院長。阪神淡路大震災時に支援活動を行う。また、NPO法人「TENOHASI（てのはし）」理事、認定NPO法人「世界の医療団」理事、同法人「東京プロジェクト」代表医師などを務め、ホームレス支援や東日本大震災被災地支援の活動も行っている。アジア・アフリカを中心に、世界45か国をバックパッカーとして旅した。著書に『漂流老人ホームレス社会』（朝日文庫）。

その島のひとたちは、ひとの話をきかない
精神科医、「自殺希少地域」を行く

2016年 7 月14日　第 1 刷発行
2025年 4 月30日　第13刷発行

著者　森川すいめい

発行者　清水一人
発行所　青土社
東京都千代田区神田神保町 1-29　市瀬ビル　〒101-0051
電話　03-3291-9831（編集）　03-3294-7829（営業）
振替　00190-7-192955

印刷所　ディグ（本文）
方英社（カバー・表紙・扉）
製本所　鶴亀製本

装幀　竹中尚史

ISBN978-4-7917-6931-5